COURAGE DE PARLER À QUICONQUE

Vaincre l'anxiété, se libérer de la solitude et de l'isolement social, agir en toute confiance dans des situations sociales

Perry Clifford

Clause de non-responsabilité

Tcapable de contenu

jeintroduction

Courage de parler à n'importe qui » est votre guide pour vaincre l'anxiété sociale et construire des relations plus solides et plus épanouissantes.

Pour beaucoup, l'anxiété sociale est un obstacle puissant qui obscurcit les rencontres quotidiennes et empêche le développement de liens profonds. Avec son approche simple pour surmonter les difficultés de l'anxiété sociale et ouvrir la possibilité de liens plus profonds, ce livre agit comme un guide stimulant pour vous.

Dans ces pages, vous partirez pour un voyage d'auto-exploration, explorant les racines sous-jacentes de vos anxiétés et les schémas de pensée destructeurs qui les nourrissent. Nous passerons en revue des méthodes éprouvées telles que la restructuration cognitive et la thérapie d'exposition, vous donnant les compétences dont vous avez besoin pour affronter vos peurs et les échanger contre une perspective plus optimiste.

Développer des compétences de communication efficaces est essentiel pour créer des partenariats durables. Ce livre offre des conseils utiles sur la façon d'acquérir toutes les compétences sociales fondamentales, du bon langage corporel et de l'intelligence émotionnelle à l'écoute active et aux amorces de conversation.

Il peut être difficile de naviguer en toute confiance dans les réseaux sociaux, mais « Courage de parler à n'importe qui » fournit des conseils. Nous discuterons de la manière de gérer les discussions difficiles, de rebondir après un rejet et de développer la capacité de créer des liens durables.

Ce livre est votre feuille de route vers une vie sociale plus enrichissante, que vos objectifs soient de nouer des amitiés durables, de vous connecter plus profondément avec vos collègues ou simplement d'être capable de gérer plus facilement les situations sociales.

Cchapitre 1 : Pourquoi nous avons peur de parler aux autres

Avoir de l'anxiété sociale ne signifie pas que vous êtes timide ou introverti

La peur et l'inquiétude provoquent l'apparition d'un trouble d'anxiété sociale, qui peut avoir un impact négatif sur nos vies. Un stress extrême peut interférer avec les relations, les activités quotidiennes, l'emploi, l'éducation et d'autres activités. Bien que le trouble d'anxiété sociale puisse constituer un problème de santé mentale à long terme, la prise de médicaments et l'apprentissage de mécanismes d'adaptation en psychothérapie peuvent renforcer votre estime de soi et améliorer vos compétences sociales.

Chez les jeunes en particulier, la timidité ou le malaise face à des circonstances spécifiques ne sont pas toujours des symptômes du trouble d'anxiété sociale. Les niveaux de confort des individus dans les contextes sociaux diffèrent en fonction de leurs expériences de vie et de leurs caractéristiques de personnalité. Si certaines personnes sont de nature plus grégaire, d'autres sont intrinsèquement calmes.

Contrairement à l'anxiété normale, le trouble d'anxiété sociale se caractérise par l'inquiétude, l'anxiété et l'évitement qui interfèrent avec les relations, les activités quotidiennes, le travail, l'éducation et d'autres efforts. Apparaissant généralement au début ou au milieu de l'adolescence, le trouble d'anxiété sociale peut parfois frapper les adultes ou les jeunes enfants à un âge plus précoce.

Dans des situations où ils pourraient être observés, évalués ou jugés par d'autres, comme parler devant un public, rencontrer de nouvelles personnes, sortir ensemble, passer un entretien d'embauche, répondre à une question en classe ou devoir converser avec un caissier dans un magasin : une personne souffrant d'un trouble d'anxiété sociale éprouve des symptômes de peur ou d'anxiété. Les activités courantes comme manger, boire et aller aux toilettes en public peuvent également rendre les gens anxieux ou effrayés parce qu'ils craignent d'être ridiculisés, maltraités et rejetés.

Les personnes qui souffrent de trouble d'anxiété sociale ressentent une terreur écrasante dans un contexte social qu'elles croient incontrôlable. Certaines personnes peuvent avoir du mal à aller au travail, à l'école ou à effectuer leurs tâches quotidiennes à cause de cette peur. Bien que certaines personnes soient capables d'accomplir ces tâches, elles le font avec beaucoup d'inquiétude ou d'anxiété. Les personnes souffrant de trouble d'anxiété sociale insistent souvent des semaines à l'avance sur les interactions sociales. Ils se retrouvent parfois à éviter des situations ou des endroits qui les mettent mal à l'aise ou leur font honte.

Certaines personnes atteintes de la maladie éprouvent de l'anxiété lors des représentations plutôt que lors des interactions sociales. Lorsqu'ils jouent d'un instrument sur scène, prononcent un discours ou participent à des sports, ils ressentent des symptômes d'anxiété.

Les symptômes du trouble d'anxiété sociale, qui apparaissent généralement à la fin de l'enfance, peuvent inclure une timidité sévère ou l'évitement d'événements ou d'interactions sociales. Elle touche plus souvent les femmes que les hommes, et chez les adolescents et au début de l'âge adulte, la disparité entre les sexes est plus visible. Le trouble d'anxiété sociale peut persister pendant des années, voire toute une vie, s'il n'est pas traité.

Les signes du trouble d'anxiété sociale peuvent évoluer avec le temps. Si vous faites face à beaucoup d'attentes, de stress ou de changements dans votre vie, la situation peut s'aggraver. Si vous ne suivez pas de thérapie, votre anxiété risque de s'aggraver avec le temps, même si éviter les circonstances anxieuses peut améliorer temporairement vos symptômes.

Quand consulter un médecin

Si vous évitez les interactions sociales typiques par peur de la honte, de l'inquiétude ou de la panique, consultez un professionnel de la santé mentale ou votre médecin.

Pourquoi l'anxiété sociale se produit-elle ?

UNLe trouble anxieux résulte très probablement d'une interaction complexe entre des facteurs biologiques et environnementaux, tout comme de nombreuses autres maladies mentales. Parmi les raisons potentielles figurent :

- Caractéristiques héritées. Les troubles anxieux sont souvent héréditaires. On ne sait cependant pas clairement dans quelle mesure cela peut être un comportement appris et quelle part peut être héritée.

- Structure du cerveau. L'amygdale (uh-MIG-duh-luh) est une structure cérébrale qui peut être impliquée dans la régulation de la réponse à la peur. Les personnes atteintes d'une amygdale hyperactive peuvent ressentir une anxiété élevée dans des circonstances sociales en raison d'une réaction de peur accrue.

- Alentours. Le trouble d'anxiété sociale peut être un trait acquis ; certaines personnes peuvent ressentir une grave anxiété à la suite d'un événement social inconfortable ou embarrassant. De plus, il peut y avoir un lien entre le trouble d'anxiété sociale et les parents qui présentent un comportement nerveux dans les milieux sociaux ou qui surprotègent ou gèrent excessivement leurs enfants.

- Mauvais rencontres. Les jeunes qui subissent des brimades, des railleries, du rejet, des moqueries ou de l'embarras peuvent courir un risque plus élevé de développer un trouble d'anxiété sociale. De plus, cette maladie peut être liée à d'autres expériences de vie défavorables comme des abus, des traumatismes ou des conflits au sein de la famille.

- Tempérament. Les jeunes qui présentent des signes de timidité, de timidité, de retrait ou de retenue en présence d'étrangers ou de situations inconnues peuvent être plus vulnérables.

- Plus d'obligations au travail ou en société : les symptômes du trouble d'anxiété sociale apparaissent généralement à l'adolescence, mais ils peuvent également apparaître pour la première fois lorsqu'une personne rencontre de nouvelles personnes, prononce un discours devant un public ou présente une œuvre importante.

- Avoir une apparence visible ou un problème de santé : par exemple, des tremblements, un bégaiement ou des déformations faciales provoqués par la maladie de Parkinson peuvent rendre certaines personnes plus gênées et peut-être aggraver leurs problèmes d'anxiété sociale.

Le trouble d'anxiété sociale peut prendre le dessus sur votre vie s'il n'est pas traité. L'anxiété peut causer des problèmes au travail, en classe, dans les relations ou simplement dans le plaisir de la vie. Cette maladie peut entraîner :

- Faible estime de soi
- Avoir du mal à s'affirmer
- Dialogue négatif avec soi-même
- Intolérance à l'égard des critiques
- Capacités sociales insuffisantes
- Liens sociaux difficiles et isolement

- Mauvais résultats à l'école et sur le lieu de travail

- Abus de substances, y compris consommation excessive d'alcool

- Suicide ou tentative de suicide

Si vous vous sentez suicidaire, n'hésitez pas à appeler la ligne d'urgence suicide de votre pays ou localité.

L'anxiété sociale et une faible estime de soi ou une voix intérieure critique sont fréquemment corrélées. Nous pouvons penser que nous ne sommes pas assez intéressants, que nous ne sommes pas socialement compétents ou que nous finirons par commettre des erreurs. Ce dialogue voué à l'échec augmente les tensions et accroît notre conscience de nos défauts perçus.

Les personnes qui préfèrent garder le contrôle peuvent trouver des situations sociales inconnues particulièrement anxiogènes en raison de leur nature imprévisible. Nous pouvons nous inquiéter de la réaction de l'autre personne, de la direction que prendra la conversation ou des sujets à aborder. Des sentiments d'impuissance et une volonté d'ignorer complètement la situation peuvent résulter de cette incertitude.

De nombreux signes physiques d'anxiété sociale peuvent être pénibles et exacerber l'inquiétude. Ceux-ci peuvent inclure de la transpiration, des rougissements, un essoufflement, une fréquence cardiaque élevée et même des tremblements. Une prophétie auto-réalisatrice pourrait surgir lorsqu'un individu devient anxieux à l'idée de présenter certains symptômes en public, ce qui entraînerait une inquiétude supplémentaire.

L'anxiété sociale peut être aggravée par les médias sociaux et une culture qui compare constamment les choses. Des images de vies prétendument idéales et d'interactions sociales fluides sont tout autour de nous. Cela pourrait accroître notre perception des lacunes et nous amener à nous sentir inadéquats, ce qui peut entraîner la peur de ne pas être à la hauteur.

Les mauvaises expériences passées, comme le fait d'être taquiné ou harcelé en public, peuvent causer des dommages durables et exacerber l'anxiété sociale. Ces rencontres peuvent nous apprendre à associer les contacts sociaux à des résultats défavorables, ce qui peut nous amener à éviter des circonstances comparables à l'avenir.

Pourquoi parler est effrayant à cause de l'anxiété

L'anxiété de parler est souvent le résultat d'une anxiété sociale. L'anxiété peut également provoquer une diversion mentale, ce qui altère la compréhension verbale. La peur de parler est souvent le résultat de problèmes d'anxiété tangentiellement liés, comme la peur d'être évalué.

La parole peut être gênée par des symptômes d'anxiété supplémentaires, tels qu'une salivation excessive, une suranalyse, etc.

Il existe des moyens simples d'atténuer cette peur particulière, et réduire les niveaux d'anxiété en général peut contribuer à l'atténuer encore davantage.

Les personnes souffrant d'anxiété sociale évitent souvent toute conversation lorsqu'elle n'est pas nécessaire. En conséquence, ils peuvent paraître indûment timides, déprimés, furieux, snobs, serviles ou mentalement lents, même s'ils ne présentent probablement aucune de ces caractéristiques dans la vie réelle.

Le trouble d'anxiété sociale coexiste fréquemment avec d'autres troubles anxieux et quelques autres problèmes de santé mentale, notamment le trouble dépressif majeur et les problèmes de toxicomanie.

Y a-t-il un remède ?

OUI! Bien qu'il soit impossible de prévoir ce qui amènera une personne à développer un état d'anxiété, si vous souffrez déjà d'anxiété, vous pouvez prendre certaines mesures pour atténuer la gravité de vos symptômes :

- Demandez de l'aide rapidement. Comme beaucoup d'autres problèmes de santé mentale, l'anxiété peut être plus difficile à gérer si vous retardez le traitement.

- Tenir un journal. Vous et votre professionnel de la santé mentale pouvez déterminer ce qui vous stresse et ce qui semble vous aider à vous sentir mieux en tenant un journal de votre vie personnelle.

- Établissez des priorités dans votre vie. En répartissant soigneusement votre temps et votre énergie, vous pouvez réduire votre tension. Assurez-vous de participer à des activités que vous trouvez agréables.

- Évitez l'utilisation de substances nocives. L'anxiété peut être provoquée ou aggravée par la consommation de drogues, d'alcool, de caféine ou de nicotine. Il peut être troublant d'arrêter de consommer l'une de ces substances si vous en êtes accro. Consultez votre médecin, recherchez un programme de traitement ou rejoignez un groupe de soutien si vous ne parvenez pas à arrêter par vous-même.

Comment puis-je aider les personnes souffrant de trouble d'anxiété sociale, y compris moi-même ?

Cette première étape consiste à apprendre fou vous-même. Acquérir des connaissances est une excellente méthode pour soutenir quelqu'un que vous aimez ou vous-même qui pourriez souffrir de trouble d'anxiété sociale. Examinez les symptômes, renseignez-vous sur les traitements disponibles et restez informé des nouvelles découvertes dans le domaine.

Deuxièmement, si vous pensez souffrir d'un trouble d'anxiété sociale, parlez à quelqu'un en qui vous pouvez avoir confiance de ce que vous ressentez. Prenez le temps de parler avec un ami ou un membre de votre famille que vous soupçonnez souffrir de trouble d'anxiété sociale pour lui faire savoir que vous êtes inquiet et le rassurer de votre soutien.

Il est temps de demander l'aide d'un professionnel si votre anxiété, ou celle d'un proche, commence à interférer avec les activités quotidiennes. Par exemple, éviter les situations sociales au travail, à l'école ou avec les amis et la famille. Consultez un professionnel de la santé au sujet de votre santé mentale.

Comment traite-t-on le trouble d'anxiété sociale ?

Généralement émanant d'un professionnel de la santé mentale, l'obtention d'un diagnostic est la première étape vers une thérapie efficace. Parlez à un professionnel de la santé si vous pensez présenter des signes de trouble d'anxiété sociale. Un professionnel de la santé peut effectuer un examen physique après avoir examiné vos antécédents médicaux pour s'assurer que vos symptômes ne sont pas causés par un problème physique sans rapport. Un expert en santé mentale, comme un psychiatre, un psychologue ou un travailleur social clinicien, peut vous être recommandé par votre professionnel de la santé.

En règle générale, la psychothérapie (souvent appelée « thérapie par la parole »), les médicaments ou une combinaison des deux sont utilisés pour traiter le trouble d'anxiété sociale. Renseignez-vous auprès d'un professionnel de la santé quelle ligne de conduite vous convient le mieux.

Un type de psychothérapie bien documenté appelé thérapie cognitivo-comportementale (TCC) est fréquemment utilisé pour traiter le trouble d'anxiété sociale. Pour réduire l'anxiété et la peur, la thérapie cognitivo-comportementale (TCC) vous enseigne des façons alternatives de penser, d'agir et de réagir aux événements. De plus, la TCC peut vous aider à développer des compétences sociales, essentielles au traitement du trouble d'anxiété sociale. La TCC est la forme de psychothérapie la plus recherchée et la plus efficace.

De plus, une approche de thérapie cognitivo-comportementale appelée traitement d'exposition vous aide à participer à des choses que vous évitiez en affrontant progressivement les peurs qui sous-tendent un état d'anxiété. Parfois, les techniques de relaxation sont combinées à une thérapie d'exposition. Lorsque la TCC est administrée en groupe, elle peut également présenter des avantages particuliers pour traiter le trouble d'anxiété sociale.

La thérapie d'acceptation et d'engagement est une option de traitement supplémentaire pour le trouble d'anxiété sociale (ACT). Contrairement à la TCC, l'ACT aborde les pensées négatives différemment et utilise des techniques telles que l'établissement d'objectifs et la pleine conscience pour réduire l'inconfort et l'anxiété. L'ACT étant un type de traitement psychothérapeutique plus récent que la TCC, il existe moins d'informations sur son efficacité. Mais comme différentes thérapies conviennent à différents types de personnes, il peut être bénéfique de discuter avec un professionnel de la santé mentale du type de thérapie qui pourrait vous convenir le mieux.

Médicaments qui aident à réduire l'anxiété sociale

Des médicaments peuvent être recommandés par des professionnels de la santé pour traiter le trouble d'anxiété sociale. Cette maladie peut être traitée efficacement avec divers médicaments, tels que :

- Les antidépresseurs comprennent les inhibiteurs de la recapture de la sérotonine et de la noradrénaline (IRSN) et les inhibiteurs sélectifs de la recapture de la sérotonine (ISRS).

- Bêta-bloquants

En plus d'être fréquemment utilisés pour traiter la dépression, les anxiolytiques comme les benzodiazépines, les ISRS et les antidépresseurs SNRI peuvent également aider à atténuer les symptômes du trouble d'anxiété sociale. Cela peut prendre quelques semaines avant qu'ils commencent à fonctionner. De plus, les antidépresseurs peuvent avoir des effets indésirables comme des nausées, des maux de tête ou des difficultés à s'endormir. D'une manière générale, ces effets secondaires ne sont pas très graves, surtout si la posologie est augmentée progressivement à partir d'un point de départ faible. Discutez de tout effet secondaire potentiel avec votre médecin.

Certains des symptômes physiques du trouble d'anxiété sociale, comme la transpiration, les tremblements et un rythme cardiaque rapide, peuvent être gérés à l'aide de bêtabloquants. Lors du traitement du trouble d'anxiété sociale qui se manifeste par une « anxiété de performance », les bêta-bloquants sont souvent le médicament recommandé.

Les benzodiazépines sont de puissants sédatifs anti-anxiété qui commencent immédiatement à atténuer les émotions anxieuses. Ces médicaments ont le potentiel de réduire considérablement l'anxiété en peu de temps, mais certaines personnes y deviennent résistantes et nécessitent des doses de plus en plus élevées pour obtenir les mêmes résultats. Certains développent même une dépendance à leur égard. Par conséquent, si vous en avez besoin, un professionnel de la santé ne peut les prescrire que temporairement.

Il faudra peut-être un certain temps avant que la médecine et la psychothérapie commencent à fonctionner. Avant de déterminer quel médicament leur convient le mieux, de nombreuses personnes en essaient plusieurs. Ensemble, vous et votre professionnel de la santé pouvez déterminer quel médicament, quelle posologie et quel traitement vous conviennent le mieux. Le traitement le plus efficace du trouble d'anxiété sociale est généralement une combinaison de médicaments et de thérapies cognitivo-comportementales (TCC) ou d'autres psychothérapies.

Groupes de soutien

Les groupes de soutien sont bénéfiques pour de nombreuses personnes souffrant d'anxiété sociale. Vous pouvez obtenir des commentaires objectifs et véridiques sur la façon dont les autres membres du groupe vous perçoivent si vous faites partie d'un groupe de personnes souffrant toutes d'un trouble d'anxiété sociale. Dans cette approche, vous pouvez découvrir que vos croyances sur le rejet et le jugement sont fausses ou erronées. Il est également possible d'acquérir des connaissances sur la manière dont les personnes atteintes de trouble d'anxiété sociale gèrent et surmontent leur peur des situations sociales.

Des groupes de soutien peuvent être trouvés en ligne et en personne. Cependant, tout conseil que vous recevez d'un participant à un groupe de soutien doit être utilisé avec précaution et ne doit pas remplacer les suggestions médicales d'un médecin.

Il faudra peut-être un certain temps avant que la médecine et la psychothérapie commencent à fonctionner. L'anxiété peut également être atténuée en adoptant un mode de vie sain. Assurez-vous de maintenir une bonne alimentation, de vous reposer et de faire suffisamment d'exercice, et recherchez le soutien de votre famille et de vos amis de confiance.

Cchapitre 2 : Le pouvoir de la connexion

Avantages d'avoir des liens sociaux étroits (santé mentale, bonheur, etc.).

Le degré auquel les individus entretiennent et perçoivent la quantité, le calibre et la variété idéales de relations qui favorisent un sentiment de soutien, d'attention et d'appartenance est connu sous le nom de lien social.

Les humains sont des êtres sociables par nature. Notre existence dépend de notre capacité à nouer des liens sociaux. Nos relations avec nos amis, notre famille, nos collègues et nos voisins peuvent avoir un impact significatif sur notre santé et notre bien-être en général.

Les gens sont plus susceptibles de prendre de bonnes décisions et d'obtenir de meilleurs résultats pour leur santé mentale et physique lorsqu'ils sont socialement connectés et qu'ils ont des relations sûres et solidaires. De plus, ils sont plus résistants à l'adversité, au stress, à l'anxiété et au désespoir.

De nombreux facteurs favorisent la cohésion sociale. Nos relations sont importantes, tant en termes de quantité que de qualité et des différents rôles qu'elles jouent dans nos vies.

De bonnes relations avec les autres donnent un sens à la vie et favorisent une bonne santé mentale et physique. Des études récentes sur les relations humaines indiquent que les affirmations, le soutien émotionnel, les bonnes vibrations et les interactions de soutien peuvent tous améliorer notre santé mentale. Il est bénéfique pour nos relations interpersonnelles et personnelles de prêter attention aux petits moments de connexion de notre vie quotidienne.

De bonnes relations interpersonnelles sont essentielles à la santé émotionnelle et physique ainsi qu'au sens de la vie. Le corps et l'esprit humains souffrent d'une solitude ou d'un isolement prolongé, ce qui met le bien-être à long terme d'une personne au moins aussi en danger que de graves problèmes de santé comme l'obésité et la pollution de l'air.

Les chercheurs sont conscients des comportements qui contribuent aux perceptions de lien social. Il s'agit de quatre méthodes de connexion.

1. Cœur à cœur

Les discussions à cœur ouvert sont souvent la première chose qui vient à l'esprit lorsque quelqu'un pose des questions sur des liens significatifs. Ce sont des moments cruciaux de connexion émotionnelle étroite. Lorsqu'une personne se confie à une autre, elle fait preuve d'empathie, d'acceptation et d'inquiétude – une qualité connue des psychologues sous le nom de réactivité. Cela se produit lorsqu'une personne partage quelque chose d'intime, souvent sensible et émotionnel.

Je partagerai peut-être avec vous, par exemple, mon expérience du divorce de mes parents, des sentiments sensibles que je ne révélerais pas à n'importe qui. Je ressentirai probablement un sentiment d'intimité et de confiance si je sens à ce moment précis que vous « comprenez » vraiment ce que je partage avec vous, que vous reconnaissez mes sentiments comme étant réels, que vous puissiez ou non vous identifier à eux, et que je compte pour moi. toi.

Le partage personnel dans des situations chargées d'émotion est souvent réciproque, mais il est possible de se sentir connecté même si c'est vous qui répondez ou vous ouvrez.

2. Fournir et obtenir de l'aide

Soutenir et être soutenu est un facteur majeur de lien entre les personnes. En période de connexion, deux types d'aide sociale entrent fréquemment en jeu. Offrir une assistance concrète à la mise en œuvre d'une solution est appelé support instrumental. Lorsque vous m'apportez des courses lorsque je suis malade, par exemple, nous renforçons notre relation grâce à une aide pratique.

Favoriser les émotions d'une autre personne est connu sous le nom de soutien émotionnel. Ce serait une aide émotionnelle si vous vous arrêtiez pour m'embrasser pendant que je suis stressé. Dans tous les cas, votre réponse est rapide : vous reconnaissez ma situation difficile et avez manifesté votre inquiétude en agissant en conséquence.

Il n'est pas surprenant que recevoir la gentillesse réactive de quelqu'un puisse vous permettre de vous sentir connecté, mais cela fonctionne également dans l'autre sens. Aider les autres renforce ce sentiment de connexion, surtout si vous voulez vraiment donner un coup de main et pensez que votre aide est bénéfique.

Cependant, pour être efficace, vous devez répondre aux exigences de l'autre personne plutôt qu'à votre simple perception de ses besoins. Malgré votre envie d'intervenir et de résoudre le problème à sa place, il existe des situations où cela nécessite de fournir un soutien émotionnel pour aider l'autre personne à se calmer afin qu'elle puisse gérer son problème.

3. Se sentir bien

Les relations significatives ne doivent pas nécessairement être déprimantes ; la vulnérabilité et le support sont des problèmes sérieux. Selon une étude, les sentiments positifs partagés avec les autres peuvent favoriser un sentiment de connexion. De plus, ce sentiment d'unité s'étend au-delà de vos pensées. Lorsque deux individus ressentent cette même énergie positive, leurs corps se synchronisent également. Leurs mouvements et expressions faciales coïncident et des indicateurs tels que les hormones et la fréquence cardiaque fluctuent de manière prévisible.

Dès la petite enfance, les humains dépendent de ces moments gratifiants et synchrones comme d'un facteur de liaison fondamental, et ils recherchent activement des rencontres synchrones tout au long de leur vie. Envisagez des passe-temps agréables comme danser et chanter ensemble. Ce sont des types de connexions incarnées qui libèrent véritablement des endorphines, qui renforcent votre lien. Il en va de même pour le partage du rire, qui présente l'avantage supplémentaire de renforcer les liens, car un sens de l'humour commun indique souvent une compréhension commune de la réalité.

Lorsque quelqu'un partage la bonne nouvelle avec vous, une merveilleuse méthode pour renforcer les relations consiste à y réagir avec sincérité et enthousiasme : féliciter, célébrer ou simplement dire : « Je suis si heureux pour vous ».

4. Déclarations positives

Dire à quelqu'un combien vous l'aimez, le respectez ou l'adorez peut se faire dans des moments brefs mais percutants. La gratitude et l'affection sont deux manières particulièrement étudiées de renforcer une relation. Les manifestations pures d'affection peuvent prendre la forme de déclarations verbales directes, comme dire « Je t'aime », ou d'expressions physiques, comme se tenir la main.

Imprécision et imperfection

Les tentatives de connexion peuvent être compliquées par les perceptions et les préférences de deux personnes.

Les humains ne lisent pas dans les pensées. La perception que chacun a de ce que les autres pensent et ressentent est, au mieux, modérément exacte. Pour me sentir connecté, il ne suffit pas que je vous comprenne vraiment ou que je prenne soin de vous, par exemple. Si vous ne me percevez pas comme compréhensif ou attentionné lorsque nous interagissons, vous ne repartirez probablement pas en vous sentant connecté. C'est particulièrement un problème lorsque vous êtes seul, car la solitude peut vous amener à voir vos interactions de manière plus négative.

Chaque personne a également des préférences différentes quant aux moyens de se connecter qui les aident de manière plus fiable à se sentir liés. Certaines personnes aiment parler de leurs sentiments, par exemple, et peuvent être attirées par l'intimité émotionnelle. D'autres peuvent s'ouvrir uniquement à ceux en qui ils ont profondément confiance, mais aiment se connecter plus largement par le biais de l'humour.

Bien entendu, toutes les interactions ne doivent pas nécessairement être des moments de connexion significatifs. Même les nourrissons et les soignants qui entretiennent des liens étroits, dans cette relation la plus vitale, ne sont dans un état de connexion observable que 30 % du temps.

Les moments de connexion ne doivent pas non plus être extravagants ou extraordinaires. Le simple fait de tourner votre attention vers les autres lorsqu'ils souhaitent se connecter génère de grands avantages relationnels.

Avoir un aperçu des différents modes de connexion peut vous permettre de mettre en pratique de nouvelles façons d'interagir avec les autres. Cela peut également vous aider à simplement prêter attention aux moments où ces moments existent déjà dans la vie quotidienne. Savourer des moments où vous vous sentez proche des autres – ou même simplement vous remémorer de tels événements – peut renforcer ce sentiment de connexion.

Santé communautaire

Les liens sociaux présentent d'autres avantages au-delà de la santé individuelle. Les liens sociaux peuvent également contribuer à créer de la confiance et de la résilience au sein des communautés.

Un sentiment d'appartenance à la communauté et des liens solidaires et inclusifs dans nos quartiers, nos écoles, nos lieux de culte, nos lieux de travail et d'autres contextes sont associés à une variété de résultats positifs qui aident les communautés à prospérer et à soutenir le bien-être, la santé, la sécurité et la sécurité en général. résilience des communautés. Cela encourage également les gens à redonner à leur communauté, ce qui peut renforcer davantage ces liens.

Caractéristiques de la connectivité sociale

- Le nombre, la variété et les types de relations qu'entretient une personne.

- Avoir des échanges sociaux significatifs et réguliers.

- Sentiment de soutien de la part des amis, des familles et des autres membres de la communauté.

- Sentiment d'appartenance.

- Avoir des liens étroits avec les autres.

- Se sentir aimé, pris en charge, valorisé et apprécié par les autres.

- Avoir plus d'une personne vers qui se tourner pour obtenir du soutien. Cela comprend un soutien émotionnel en cas de déprime et un soutien physique, comme se rendre chez le médecin ou à l'épicerie, ou obtenir de l'aide pour la garde des enfants dans un court délai.

- Accès à des espaces publics sécuritaires pour se rassembler (tels que des parcs et des centres de loisirs).

Avantages pour la santé de la connectivité sociale

Les personnes ayant des liens sociaux plus forts ont une probabilité de survie 50 % plus élevée que celles qui ont moins de liens sociaux.

Les liens sociaux peuvent aider à prévenir des maladies et des conséquences graves, telles que :

- Maladie cardiaque.
- Accident vasculaire cérébral.

- Démence.

- Dépression et anxiété.

Les liens sociaux avec les autres peuvent également aider :

- Améliorez votre capacité à vous remettre du stress, de l'anxiété et de la dépression.

- Promouvez une alimentation saine, l'activité physique et le poids.

- Améliorer le sommeil, le bien-être et la qualité de vie.

- Réduisez votre risque de comportements violents et suicidaires.

- Prévenir les décès dus à des maladies chroniques.

Façons d'améliorer la connexion sociale

- Établir et entretenir des liens sociaux

- Consacrez du temps et de l'attention au développement et au maintien de relations. Un contact régulier avec les autres contribue à créer des liens sociaux.

- Créez un réseau social plus vaste et plus diversifié. Avoir des types de personnes plus nombreux et différents dans nos vies peut potentiellement fournir une plus grande variété de ressources, d'informations et d'opportunités pour nous aider à relever les nombreux défis de la vie.

- Rejoignez un groupe social pour vous connecter avec les autres. Faire partie d'un groupe partageant des intérêts, des valeurs ou des objectifs communs peut être gratifiant et favoriser un sentiment d'appartenance.

- Tenez compte du soutien que vous apportez, recevez et dont vous disposez

- Exprimez votre gratitude envers les autres.

- Contactez des sources de soutien pour vous aider à traverser les moments difficiles, même s'il peut parfois être difficile de demander de l'aide. Les membres de votre famille ou de votre communauté, ou encore les prestataires de soins de santé, peuvent être des sources de soutien.

- Apportez du soutien aux autres : cela peut leur apporter une aide indispensable et vous faire du bien aussi !

- N'oubliez pas de prendre soin de vous même si vous prenez soin des autres.

- Renforcer la qualité des liens sociaux

- Concentrez-vous sur l'établissement de liens sociaux de haute qualité, solides et significatifs.

- Trouvez des moyens d'être réactif, solidaire et reconnaissant envers les autres.

- Prenez des mesures pour résoudre les conflits ou les sentiments négatifs lorsqu'ils surviennent.

- Surmonter les obstacles au lien social

- Prends soin de ta santé. Rester en bonne santé vous permet de vous connecter socialement avec les autres et de profiter de ces liens.

- Ne laissez pas la technologie vous empêcher d'interagir avec les gens. Faites attention aux façons dont cela pourrait vous faire vous sentir plus mal dans votre peau ou dans celle des autres. Essayez de l'utiliser de manière positive.

- Si vous ne pouvez pas être avec d'autres personnes en personne, remplacez le temps passé devant un écran par un appel téléphonique.

- Joindre les deux bouts et les horaires de travail chargés peuvent nous empêcher de trouver du temps pour communiquer avec les autres. Pensez à partager des choses que vous faites déjà (comme faire de l'exercice ou prendre un repas) avec un ami ou à faire de nouvelles activités avec lui.

- Discutez avec un professionnel de la santé de préoccupations telles que le stress, la solitude et l'isolement social.

- Parlez à votre médecin ou à un professionnel de la santé si vous vous sentez isolé ou seul, ou s'il y a des changements ou du stress majeurs dans votre vie. Cela peut aider votre médecin à identifier les problèmes potentiels et les moyens de vous aider.

- Les changements dans la vie, comme de nouveaux problèmes de santé, un divorce, une retraite ou la perte d'un être cher, peuvent conduire à une déconnexion. Être ouvert et honnête avec votre professionnel de la santé peut l'aider à mieux comprendre comment vous aider.

Ce que les parents peuvent faire pour promouvoir les liens sociaux chez leurs enfants ou adolescents

- Encouragez des relations sociales saines avec un groupe diversifié de pairs en créant des moyens de les aider à rencontrer des personnes différentes d'eux.

- Aidez-les à développer des relations solides, sûres et stables avec des adultes solidaires, tels que des membres de la famille et des amis, des voisins et des enseignants.

- Parlez avec eux des influences négatives ou du stress, comme la pression des pairs, le sentiment de rejet ou le manque d'appartenance, qui peuvent augmenter le risque d'isolement social et de solitude.

- Surveillez les signes avant-coureurs de solitude et d'isolement et obtenez de l'aide si nécessaire. Par exemple, faites attention aux changements dans les habitudes de sommeil, les niveaux d'énergie ou les comportements tels que le retrait de vos amis et de votre famille.

- Soyez attentif à la façon dont ils passent du temps en ligne. Parlez-leur de la cyberintimidation, qui peut augmenter le risque d'isolement social et de solitude.

- Contactez votre médecin pour toute préoccupation ou changement dans ses relations sociales.

Une clé surprenante pour vieillir en bonne santé et des liens sociaux solides

Il n'existe pas de « solution miracle » pour vieillir en bonne santé : aucun exercice, aucun aliment ou aucune pilule pouvant garantir une vie longue et en bonne santé. Mais il y a peut-être quelque chose qui s'en rapproche : des liens sociaux forts.

Au fil des années passées à m'occuper de patients âgés, j'ai appris que les facteurs que beaucoup de gens considèrent comme les plus importants pour bien vieillir, comme la longévité au sein de la famille ou l'absence de maladies physiques, ne garantissent pas une expérience positive du vieillissement. la qualité, la durée et la nature des relations qui semblent les plus importantes. Les gens sont souvent surpris par la littérature qui montre une corrélation entre les liens sociaux et d'énormes bienfaits pour la santé. Interagir avec les autres est un exercice pour votre cerveau – c'est l'un des meilleurs moyens d'améliorer votre flexibilité cognitive. C'est probablement plus bénéfique que de faire des mots croisés ou d'autres jeux cérébraux.

Les risques sanitaires de la solitude et de l'isolement social

Nous entendons beaucoup parler des risques liés à l'obésité et au tabagisme, mais la solitude et l'isolement social constituent tout autant de risques pour la santé.

Les risques pour la santé associés à la solitude peuvent inclure la dépression, l'anxiété, un risque accru de suicide et d'autres risques chroniques pour la santé. Des études ont montré que chez certaines personnes, des facteurs tels que l'isolement social, la solitude et les mauvaises relations sociales sont associés à un risque accru de :

- Mort prématurée.
- Démence.
- Maladie cardiaque.
- Accident vasculaire cérébral.

Les personnes appartenant à certains groupes, comme les immigrants de première génération et la communauté lesbienne, gay, bisexuelle et transgenre

(LGBT), peuvent être particulièrement vulnérables à la solitude.

Si être social et établir des liens est essentiel pour vieillir en bonne santé, la question est la suivante : comment y parvenir ? L'une des choses les plus difficiles liées au vieillissement est que certains de vos amis ou membres de votre famille déménagent ou décèdent, ce qui est une circonstance triste mais inévitable.

«Cela peut être très difficile, en particulier pour ceux qui vivent jusqu'à 90 ou 100 ans, car une personne peut avoir un groupe d'amis ou travailler dur pour se faire de nouveaux amis pour ensuite voir ces amis perdre leur fonction ou mourir. Même si vous ne pouvez pas remplacer vos relations les plus chères, vous devez continuer à faire de nouvelles connaissances et rester connecté dans les relations que vous entretenez.

Il faut des efforts pour découvrir une nouvelle personne ou établir une nouvelle connexion, mais c'est très important pour la cognition », poursuit-il. « Considérez-le comme un entraînement pour votre âme, votre bonheur et la santé de votre cerveau. »

Voici des façons de commencer.

1. Procurez-vous des appareils auditifs (ou utilisez ceux que vous possédez !)

La perte auditive est l'une des causes les plus courantes d'isolement social. Si vous n'entendez pas, vous ne pouvez pas avoir de conversation. Heureusement, les appareils auditifs peuvent aider.

« Les recherches suggèrent que les personnes qui utilisent leurs appareils auditifs ont une longévité et une espérance de vie plus élevées », dit-il. « Cela semble incroyable que les aides auditives puissent contribuer à la longévité, mais c'est plausible. Par exemple, si vous allez au restaurant ou à un événement social et que vous n'entendez personne, vous pourriez arrêter de sortir. Au fil du temps, vous pourriez devenir confiné à la maison. Une activité réduite pourrait entraîner une perte de masse musculaire, entraînant un risque accru de chutes, de fractures de la hanche et de mauvais résultats.

2. Sortez de la maison

Souvent, les personnes âgées s'inquiètent de quitter la maison en raison de difficultés courantes liées à l'âge, telles que la perte de vision, l'incontinence, un handicap ou le manque de transport. Mais cela vaut la peine de trouver des moyens de s'adapter ou de surmonter ces défis.

Lorsque vous vous exposez au monde, vous apprenez de nouvelles choses et formez de nouveaux souvenirs, qui exercent tous de nombreux domaines cognitifs différents, tels que la fonction exécutive, la fonction spatiale et la mémoire. C'est un entraînement pour votre cerveau.

Recherchez activement des opportunités de vous connecter avec les autres. Ce n'est pas parce que vous êtes plus âgé que vous devriez arrêter d'entretenir vos relations actuelles ou de construire et de développer de nouvelles relations.

Pour vous faire de nouveaux amis ou de nouvelles relations :

- Planifiez-le. Élaborez un plan pour rester en contact avec vos amis et votre famille : prévoyez du temps pour envoyer des e-mails, appeler, envoyer une carte ou interagir sur les réseaux sociaux.

- Adoptez un animal de compagnie. Les animaux offrent de la compagnie et conduisent souvent à des interactions avec d'autres personnes.

- Bouger. Allez marcher avec un ami ou essayez le pickleball.

- Parlez à vos voisins. Les bavardages informels par la boîte aux lettres comptent. Si vous vous sentez ambitieux, organisez une fête de quartier.

- Connectez-vous spirituellement. Impliquez-vous dans des groupes ou des activités confessionnels.

- Prendre une classe. Ou connectez-vous avec des personnes qui partagent vos passe-temps préférés. Découvrez quels groupes sont disponibles à la bibliothèque ou au centre communautaire.

- Bénévole. Une école locale ou votre organisme de bienfaisance préféré serait probablement reconnaissant de votre aide.

P. *se préparer à la solitude pendant les transitions de la vie*

Au cours de certaines transitions de la vie, les personnes âgées courent un risque plus élevé de devenir socialement isolées et seules. Lorsque vous traversez une transition de vie, il est important d'établir un réseau social avec des mentors et des amis qui peuvent vous présenter de nouvelles personnes.

La retraite présente de nombreux avantages, mais quitter le marché du travail réduit souvent le nombre de contacts que vous avez. Il y a un vide qui se forme au moment de la retraite. Vous quittez tout un réseau de travail composé de personnes qui partagent avec vous des intérêts communs depuis des années.

L'autre grande période de transition à risque est la perte d'un partenaire ou d'un conjoint. Cela peut être dévastateur et certaines personnes ne s'en remettent jamais sans interaction sociale. Si votre conjoint décède, vous devez trouver comment gérer seul vos interactions avec vos amis et votre famille. Il est important de trouver un ou deux amis avec qui discuter de vos sentiments et de vos émotions. Vous pourrez peut-être rejoindre un groupe de soutien aux personnes en deuil et entrer en contact avec des personnes traversant une transition similaire.

Que ce soit pour déménager dans un pays ensoleillé ou pour se rapprocher de leurs petits-enfants, de nombreuses personnes âgées quittent leur domicile. Quitter une communauté familière peut être passionnant, mais cela peut aussi être isolant. Faire un effort pour trouver de nouveaux amis et des opportunités sociales dans votre nouvelle ville vous aidera à vous sentir plus chez vous.

Augmenter votre confiance en vous et changer votre point de vue

Étant donné que l'anxiété sociale se traduit souvent par un manque de confiance dans les situations sociales, sa gestion peut être difficile. Mais vous pouvez dépasser cet obstacle et développer votre confiance. Vous pouvez améliorer votre estime de soi et vos liens sociaux au fil du temps en mettant ces recommandations en pratique.

Établir une base solide : reconnaissance de soi et auto-empathie

Construire une base solide d'estime de soi nécessite l'acceptation de soi et l'auto-compassion, en particulier pour ceux qui luttent contre l'anxiété sociale. Il est important de pratiquer l'acceptation de soi et l'autocompassion pour lutter contre les conséquences de l'anxiété sociale, qui peut souvent entraîner une mauvaise perception de soi et un sentiment d'inadéquation.

S'accepter pleinement, c'est accepter ses défauts ainsi que ses forces. Cela implique d'accepter que les défauts sont un aspect normal de l'être humain et que tout le monde en possède. Nous pouvons alléger le poids des attentes illusoires en nous acceptant tels que nous sommes, ce qui soulagera la pression que nous nous imposons pour être parfaits.

Dans le même ordre d'idées, pratiquer l'auto-compassion, c'est être gentil, compréhensif et se pardonner soi-même. Cela implique de se traiter avec la gentillesse et les encouragements que nous apporterions à un ami cher. L'auto-compassion permet à ceux qui souffrent d'anxiété sociale de reconnaître la validité de leur souffrance et le mérite de la compassion et de la compréhension.

Il faut de la patience et de la pratique pour développer l'acceptation de soi et l'auto-compassion. Cela implique de confronter le discours intérieur négatif et de substituer des pensées positives et affirmées à des pensées négatives et autocritiques. Participer à des activités de soins personnels, comme des exercices de pleine conscience ou s'adonner à un passe-temps, peut également contribuer à favoriser l'acceptation de soi et l'auto-compassion.

Les personnes socialement anxieuses peuvent augmenter leur estime de soi et faciliter les interactions sociales en pratiquant l'acceptation de soi et l'auto-compassion. Ces éléments fondamentaux améliorent le bien-être général en favorisant un sentiment intérieur d'assurance et de sécurité qui atténue l'effet des critiques des autres.

Pour ceux qui souffrent d'anxiété sociale et d'une faible estime de soi, il est essentiel de jeter une base solide d'acceptation de soi et d'auto-compassion. Nous pouvons combattre les perceptions de soi défavorables et cultiver une estime de soi plus positive en nous acceptant et en nous aimant inconditionnellement. Les gens peuvent développer leur pouvoir intérieur, renforcer leur estime de soi et évoluer avec plus de confiance et de confort dans des situations sociales en se concentrant sur ces attributs.

Exposition progressive : surmonter les peurs sociales petit à petit

L'exposition progressive est une stratégie très efficace qui peut aider les personnes ayant une faible estime de soi et une anxiété sociale à surmonter leurs inquiétudes et à devenir plus confiantes. Grâce à une confrontation contrôlée et progressive à des scénarios sociaux, l'exposition cumulative permet aux gens de faire progressivement face à leurs préoccupations et de développer leur résilience.

Une cause fréquente d'anxiété sociale est la peur d'être évalué et jugé négativement par les autres. Éviter les événements sociaux en raison de cette préoccupation peut exacerber une faible estime de soi et un sentiment d'inadéquation. Mais les gens pourraient remettre en question leurs hypothèses nerveuses et découvrir que leurs inquiétudes sont souvent exagérées ou sans fondement en s'exposant progressivement à ces événements redoutés.

La première étape de la procédure d'exposition progressive consiste à identifier les contextes sociaux précis qui vous rendent anxieux. Cela pourrait impliquer de commencer par des situations moins difficiles et de progresser vers des situations plus stressantes. Par exemple, si aller à de grandes fêtes vous rend anxieux, vous pouvez commencer par assister à des événements sociaux plus petits et progresser vers des événements plus importants.

L'anxiété est une émotion fréquente lors d'une exposition. Les gens découvrent qu'ils peuvent accomplir des tâches qu'ils croyaient auparavant impossibles lorsqu'ils rencontrent régulièrement leurs peurs dans des contextes sociaux. L'avantage supplémentaire est que cela renforce la confiance.

Une exposition progressive offre des chances de vivre des expériences positives en plus d'aider les gens à faire face à leurs préoccupations. Chaque exposition efficace se transforme en une petite victoire qui augmente l'estime de soi et renforce le sentiment d'accomplissement. Les gens gagnent progressivement confiance en eux et éprouvent moins d'anxiété sociale à mesure qu'ils se sentent plus à l'aise dans les contextes sociaux.

Il est essentiel de garder à l'esprit qu'une exposition progressive nécessite de la patience et du temps. Les gens avancent à leur vitesse et les obstacles font inévitablement partie du chemin. Pendant le processus, obtenir l'aide d'un thérapeute ou rejoindre un groupe de soutien peut offrir plus d'orientation et d'inspiration.

Pour les personnes souffrant d'anxiété sociale, une exposition progressive est une méthode utile pour surmonter leurs anxiétés et renforcer leur estime de soi. Les gens peuvent confronter leurs idées nerveuses, devenir moins sensibles aux déclencheurs et vivre des expériences positives en s'exposant progressivement aux circonstances sociales. L'anxiété sociale diminue progressivement à mesure que la confiance en soi augmente suite à des expositions réussies, permettant aux gens de gérer les situations sociales avec plus d'habileté et de mener une vie sociale satisfaisante.

Maîtriser la communication d'idées

Améliorer votre capacité à communiquer peut vous aider à vous sentir plus en confiance. Engagez des conversations avec les gens, gardez un contact visuel et pratiquez l'écoute active. Cherchez des occasions d'exprimer vos idées et vos opinions et augmentez progressivement votre confiance en vous dans votre capacité à communiquer clairement.

Essayez de créer un réseau de soutien en étant en compagnie de personnes qui comprennent et sympathisent avec votre anxiété sociale. Faites-vous des amis ou rejoignez des groupes de soutien pour pouvoir parler de vos expériences, obtenir de l'aide et tirer des leçons importantes. Un réseau d'amis et de famille peut offrir un environnement sécurisé pour pratiquer les compétences sociales et renforcer la confiance en soi.

Maintenir votre état de santé général est essentiel pour renforcer votre confiance en vous. Faites de l'exercice fréquemment, reposez-vous suffisamment, maintenez une alimentation saine et utilisez des stratégies de réduction du stress comme la méditation, la respiration profonde et la pleine conscience. Avoir un corps et un esprit sains aide à se sentir plus en confiance.

Célébrez vos réalisations, aussi modestes soient-elles. Reconnaissez les progrès que vous avez réalisés pour réduire votre anxiété sociale et renforcer votre confiance. Vous pouvez renforcer un état d'esprit axé sur la croissance et sûr de vous en mettant l'accent sur les points positifs.

Demandez des conseils et une assistance professionnels. Vous devriez penser à consulter un professionnel si l'anxiété sociale affecte de manière significative votre fonctionnement quotidien et votre confiance en vous. Les conseillers ou thérapeutes ayant une expertise dans les troubles anxieux peuvent vous offrir des conseils judicieux, des mots encourageants et des tactiques fondées sur la recherche et adaptées à vos besoins.

Accepter votre chemin vers l'auto-assurance

Il faut du temps, de la persévérance et de l'auto-compassion pour gérer l'anxiété sociale tout en développant la confiance en soi. Grâce à l'application de ces techniques, en vous poussant au-delà de votre zone de confort et en obtenant de l'aide, vous pourrez progressivement développer votre confiance et vos compétences sociales. N'oubliez pas que chaque pas que vous faites vous rapprochera de la réalisation de votre plein potentiel et de la vie heureuse et sûre de vous.

En mettant en œuvre ces techniques dans votre vie et en recherchant l'aide d'un expert lorsque cela est nécessaire, vous pouvez acquérir la confiance dont vous avez besoin pour vaincre l'anxiété sociale et développer votre estime de soi. Acceptez le voyage, faites preuve d'auto-compassion et reconnaissez vos réalisations au fur et à mesure. Vous pouvez surmonter l'anxiété sociale et acquérir la confiance nécessaire pour réussir dans des situations sociales avec engagement et confiance en vous.

Chaque personne développe sa confiance en soi à un rythme différent. Cela dépend de facteurs tels que la gravité de votre anxiété sociale, votre motivation et la cohérence avec laquelle vous utilisez des tactiques pour renforcer votre confiance. Soyez patient avec vous-même et reconnaissez vos petites réalisations au fur et à mesure.

Les exercices de mise à la terre, la visualisation, le discours intérieur affirmatif et les exercices de respiration profonde sont des stratégies rapides. Ces techniques peuvent apaiser les inquiétudes, détourner l'attention des idées défavorables et accroître votre confiance en vous.

Il faut des exercices d'acceptation de soi, confronter les idées négatives et accepter que chacun fasse des erreurs pour surmonter la peur d'être jugé. Rappelez-vous que vous méritez, peu importe ce que les autres pensent de vous, concentrez-vous sur vos capacités et fixez-vous des objectifs raisonnables. Il peut être utile de confier vos problèmes à des personnes de confiance, notamment à des amis proches ou à votre famille. Il peut offrir de la tolérance, de la compréhension et un environnement sécurisé pour l'expression de soi. Néanmoins, choisissez des personnes solidaires et sympathiques.

Les obstacles sont un aspect courant du chemin. Considérez-les comme des opportunités d'enseignement, réfléchissez à vos domaines de croissance et engagez-vous dans des exercices d'auto-compassion. Rappelez-vous que vous êtes précieux malgré vos échecs et que chaque jour présente une opportunité de vous améliorer.

Bien sûr, il existe de nombreuses activités différentes comme les jeux de rôle, la visualisation et l'introduction progressive à des situations sociales. Vous pouvez bénéficier d'entraînements personnalisés en travaillant avec un thérapeute ou en utilisant du matériel d'auto-assistance.

Un état d'esprit craintif et autodérision est à l'origine de l'anxiété sociale. Pour le vaincre complètement, nous devons changer notre façon de penser et développer notre confiance. Voici des moyens de surmonter les pensées restrictives et de développer le courage intérieur nécessaire pour évoluer avec grâce dans les contextes sociaux :

- Reconnaître vos peurs : Être conscient de soi est la première étape vers le changement. Prenez le temps d'identifier les situations exactes qui vous rendent anxieux. Est-ce qu'il parle devant un public ? Faire connaissance avec de nouvelles personnes ? Vous faites une demande de date ? Savoir quels sont vos

« points chauds » vous aidera à créer des plans de gestion ciblés pour eux.

- Défier les idées pessimistes : même s'il ne doit pas nécessairement s'agir de la seule voix, notre critique intérieure peut être très forte. Reconnaissez les processus de pensée négatifs qui contribuent à votre inquiétude. Lorsque vous vous surprenez à vous dire des choses comme « Je ne suis pas assez intéressant » ou « Je vais tout gâcher », utilisez des preuves pour réfuter ces pensées.

- Remplacer par des affirmations de positivité : les affirmations positives devraient remplacer les idées négatives lorsque vous y réfléchissez.

Ces remarques succinctes mais percutantes mettent en valeur vos atouts et vos compétences. Des affirmations telles que « Je mérite d'être connecté » ou « Je suis confiant » doivent être répétées chaque jour.

- Concentrez-vous sur vos avantages : tout le monde a des capacités et des atouts particuliers. Qu'il s'agisse de votre sens de l'humour, de votre inventivité ou de votre capacité d'écoute, prenez le temps de cerner le vôtre. En vous concentrant sur vos avantages, vous pouvez aborder les situations sociales avec confiance et augmenter votre estime de soi.

- L'un des meilleurs outils pour accroître la confiance est la visualisation. Chaque jour, prévoyez du temps pour vous imaginer gérer une situation sociale avec grâce. Imaginez-vous entamer une discussion, rencontrer de nouvelles personnes ou faire une présentation en toute simplicité. Vos chances de réussir sont d'autant plus élevées que vous vous imaginez clairement réussir.

- Prendre confiance en soi est un processus plutôt qu'un objectif final. Aussi petits qu'ils puissent paraître, reconnaissez et célébrez vos petits triomphes. Avez-vous engagé une discussion avec le caissier ? Avez-vous fait une nouvelle introduction ? Reconnaissez ces réussites et canalisez-les vers l'inspiration.

- Les relations sociales sont chaotiques et imprévisibles, et personne n'est parfait. Au lieu de viser la perfection, concentrez-vous sur l'amélioration. Considérez chaque conversation comme une occasion de développer vos compétences sociales. Acceptez les erreurs comme des obstacles nécessaires sur votre chemin vers la confiance en soi.

- L'influence du « encore ». Remplacez les pensées autodestructrices lorsque vous faites face à des obstacles par le pouvoir du «

encore ». Au lieu de dire « Je ne peux pas encore faire ça », dites « Je peux le faire ». Ce léger changement de point de vue reconnaît vos lacunes actuelles tout en vous offrant également la possibilité de vous améliorer à l'avenir.

- L'égocentrisme est souvent à l'origine de l'anxiété sociale. Détournez votre attention de vos peurs et tournez-vous vers l'autre personne. Renseignez-vous, pratiquez une écoute active et montrez véritablement votre intérêt pour les autres. Cela favorise la connexion et vous soulage d'une partie de la pression.

- Obtenez une mentalité de croissance. Acceptez l'idée qu'avec le travail et la pratique, vos capacités sociales peuvent être améliorées plutôt que corrigées. Considérez-vous comme un travail en cours en évolution et en apprentissage constant. Vous pouvez devenir plus résilient et vous aventurer au-delà de votre zone de confort sans craindre d'échouer si vous adoptez cette mentalité de croissance.

Vous pouvez progressivement changer de point de vue et remplacer vos pensées effrayantes par des pensées confiantes en mettant ces tactiques en pratique. Rappelez-vous qu'il faut du temps et des efforts pour développer la confiance. Appréciez vos réalisations, soyez patient avec vous-même et savourez le processus d'évolution vers une version plus sûre d'elle et plus sociable de vous-même.

Cchapitre 3 : Identifier vos anxiétés

Quiz ou auto-évaluation pour identifier des déclencheurs spécifiques d'anxiété sociale.

Un instrument d'auto-évaluation appelé test d'anxiété sociale est utilisé pour déterminer le niveau de trouble d'anxiété sociale (TAS) d'une personne. Il comprend généralement une séquence de commentaires ou de questions sur les émotions et les circonstances sociales. Pour évaluer le degré de leur anxiété sociale, les personnes interrogées notent leurs pensées, leurs sentiments et leurs actions sur une échelle. Ces examens aident à déterminer si une personne souffre d'anxiété ou de malaise social excessif, ce qui peut perturber ses activités quotidiennes. Ces tests, bien qu'ils ne constituent pas un diagnostic concluant, peuvent constituer une première étape utile dans l'identification et la gestion des problèmes d'anxiété sociale et peuvent orienter les personnes vers l'obtention d'une assistance professionnelle en cas de besoin. Est-ce que les événements sociaux ou même le simple fait d'y penser vous rendent anxieux et nerveux ? Pour savoir si vous répondez aux critères diagnostiques du trouble d'anxiété sociale (également appelé phobie sociale), passez ce test d'anxiété sociale.

Les questions suivantes portent sur des événements de la vie typiques des personnes ayant reçu un diagnostic de trouble d'anxiété sociale.

Veuillez lire attentivement chaque question et indiquer à quelle fréquence, au cours des derniers mois, vous avez été confronté à des problèmes identiques ou comparables.

Ce quiz n'est pas un outil de diagnostic. Seuls les médecins possédant les licences nécessaires peuvent diagnostiquer les problèmes de santé mentale. Les évaluations peuvent constituer une première étape utile sur le chemin du rétablissement. Trop souvent, les gens reportent leur demande d'aide parce qu'ils craignent que leurs problèmes ne soient pas suffisamment graves ou suffisamment valables pour nécessiter l'aide d'un expert.

Vous pouvez répondre aux questions par Jamais/Rarement/Souvent ou Très souvent.

1. Avez-vous surchauffé, avez-vous des vertiges, avez-vous des difficultés à respirer, avez-vous des vertiges ou êtes-vous instable lorsque vous êtes en présence de gens ?

2. Avez-vous peur ou trouvez-vous gênant d'être avec quelqu'un que vous ne connaissez pas bien ?

3. Craignez-vous que dans des situations sociales, les gens aient une mauvaise opinion de vous ? *

4. Êtes-vous constamment conscient de ce que vous faites dans des situations sociales par crainte d'offenser quelqu'un ou d'être rejeté ?

5. Avez-vous des muscles raides, êtes-vous agité ou nerveux, ou avez-vous du mal à vous détendre en société ?

6. Prenez-vous beaucoup de temps à planifier vos réponses ou votre comportement dans des situations sociales ?

7. Lorsque vous devez faire quelque chose devant les autres, comme vous lever lors d'une réunion ou faire une présentation devant un groupe, devenez-vous nerveux ?

8. Départ anticipé des événements sociaux ou participation minimale (par exemple, discours minimal, évitement du contact visuel)

9. Vous inquiétez-vous excessivement de vous trouver dans des situations sociales particulières par rapport à la menace que représente cette situation sociale ?

10. Votre anxiété a-t-elle un impact sur vos relations, votre vie sociale, votre vie familiale ou votre vie professionnelle ?

11. Dans un contexte de groupe, est-il simple pour vous de croire que les autres vous

trouvent mal à l'aise, faible, fou, stupide, inintéressant, menaçant, sale ou antipathique ?

12. Est-ce que vous évitez les situations sociales par anxiété ou par peur ?

13. Craignez-vous que les autres vous voient rougir, trembler, transpirer, bégayer ou vous regarder lorsque vous êtes dans une situation sociale ?

14. Avez-vous besoin d'aide pour gérer des circonstances sociales (comme la boisson, la drogue ou des objets superstitieux) ?

Vous souffrez d'anxiété sociale modérée si la majorité de vos réponses à ces questions étaient « souvent ». Vous devriez prendre rendez-vous avec un thérapeute.

Vous avez un faible niveau d'anxiété sociale si la majorité de vos réponses à ces questions étaient « Jamais ». Vous devez continuer à interagir avec ceux qui se trouvent à proximité.

Vous souffrez d'une anxiété sociale élevée si la majorité de vos réponses à ces questions étaient « Très souvent ». Il est recommandé de prendre immédiatement rendez-vous avec un thérapeute.

Des études indiquent que des pratiques comme le yoga, la méditation et la respiration profonde peuvent améliorer le bien-être mental.

Les personnes qui souhaitent évaluer l'intensité de leur anxiété sociale ou qui pensent en présenter des symptômes pourraient bénéficier du test d'anxiété sociale. Quiconque cherche à en savoir plus sur sa santé mentale et émotionnelle y trouvera des avantages. Ceux qui trouvent les environnements sociaux bouleversants et qui ont du mal à gérer leurs relations, leur vie quotidienne ou leur productivité au travail peuvent trouver cet examen particulièrement bénéfique. Il fournit une base pour comprendre l'anxiété sociale et peut encourager les gens à rechercher le type d'aide approprié, comme une thérapie ou des conseils, pour gérer et atténuer efficacement leurs symptômes.

Types de tests utilisés pour évaluer l'anxiété sociale

1. Entretiens cliniques organisés : des professionnels de la santé mentale mènent ces entretiens pour déterminer si un trouble d'anxiété sociale est présent et quelle est sa gravité. L'entretien clinique structuré pour le DSM-5 (SCID) est une méthode couramment utilisée pour diagnostiquer divers problèmes de santé mentale, y compris le trouble d'anxiété sociale.

2. Aperçu comportemental : Dans certaines circonstances, l'anxiété sociale peut être évaluée en observant de près le comportement d'une personne dans un contexte social. Dans un environnement clinique, cela pourrait impliquer des exercices de jeu de rôle contrôlés ou des observations naturalistes.

3. Mesures de psychophysiologie : ces mesures évaluent la façon dont le corps réagit aux pressions sociales en examinant des éléments tels que la conductance cutanée et la fréquence cardiaque. Bien qu'ils ne soient pas couramment utilisés dans les évaluations

cliniques standard, ils peuvent offrir des informations supplémentaires impartiales dans des contextes d'étude.

4. Évaluation fonctionnelle : cela implique d'évaluer l'influence de l'anxiété sociale sur la capacité d'une personne à effectuer des tâches quotidiennes, telles qu'entretenir des relations, travailler ou participer à des activités sociales.

5. Évaluations cognitives : les composantes cognitives de l'anxiété sociale, telles que les idées, les perceptions et les interprétations de la situation sociale, sont au centre de ces tests. Les tests cognitifs peuvent être utilisés

pour détecter des schémas et des aberrations dans le cerveau qui conduisent à l'anxiété sociale.

6. Auto-observation : il peut être demandé aux personnes de tenir un journal ou un journal détaillant leurs expériences quotidiennes en matière de symptômes, de déclencheurs et de réactions d'anxiété sociale. Cela peut fournir des informations importantes sur le type d'anxiété dont ils souffrent et comment cela les affecte.

Gérer la peur sociale

Bien que gérer l'anxiété sociale puisse être difficile, il existe un certain nombre de méthodes et d'approches qui peuvent vous aider à contrôler et minimiser vos symptômes. Une peur aiguë des événements sociaux et un fort désir de les éviter sont les caractéristiques du trouble d'anxiété sociale, une maladie mentale répandue.

Cchapitre 4 : Échanger les pensées négatives

Mettez fin aux pensées restrictives et aux mauvaises habitudes mentales.

À un moment donné de sa vie, tout le monde s'engage dans un discours intérieur négatif, qui est un dialogue mental courant. Le doute de soi, l'autocritique, l'auto-accusation et l'autodérision sont quelques-unes des façons dont cela peut apparaître. L'échec, le rejet, la critique, la comparaison avec les autres et les expériences traumatisantes ne sont que quelques-uns des événements et des circonstances qui peuvent déclencher un discours intérieur négatif. La nature récurrente et répandue de ces idées négatives pourrait donner lieu à un schéma autodestructeur qui affecte négativement la santé mentale et le bien-être général d'une personne.

Les discours intérieurs négatifs peuvent être préjudiciables de diverses manières. Cela peut miner le sentiment de valeur et l'estime de soi, ce qui peut entraîner un sentiment d'incapacité et un doute de soi. Cela peut diminuer la confiance, ce qui rend plus difficile la prise de risques et le respect des objectifs. Dans ce cas, les objectifs incluent de parler à des inconnus, des amis, des connaissances et des collègues. En outre, cela peut déclencher un cercle vicieux de sentiments, d'idées et d'actions défavorables qui entraînent des problèmes de santé mentale, notamment de l'anxiété et du désespoir.

Un discours intérieur négatif peut également nuire aux relations avec les autres en conduisant à des problèmes de communication et à des conflits.

Pour commencer le processus de changement du discours intérieur négatif, il faut d'abord le reconnaître. Il est essentiel de surveiller vos pensées et vos émotions et de reconnaître l'apparition d'un discours intérieur négatif. Lorsque vous vous surprenez à avoir un discours intérieur négatif, affrontez-le en vous demandant si c'est vrai et s'il existe des preuves. Les affirmations positives qui encouragent l'acceptation de soi et l'amour doivent remplacer le discours intérieur négatif. En utilisant des affirmations positives, vous pouvez surmonter le discours intérieur négatif et développer une vision plus optimiste de la vie.

Les idées limitantes sont souvent fermement ancrées dans notre subconscient et peuvent être difficiles à reconnaître et à éliminer. De nombreux facteurs, tels que les expériences antérieures, l'endoctrinement sociétal ou culturel, les opinions familiales et les vulnérabilités personnelles, pourraient y donner naissance. Une prophétie auto-réalisatrice peut aussi être une notion limitante. Nous pourrions même ne pas essayer d'accomplir quelque chose si nous pensons que nous en sommes incapables, ce qui conduit à l'échec. Cela renforce notre état d'esprit limitant, ce qui rend la situation plus difficile à surmonter.

Combattre les idées et les croyances négatives

Notre confiance en soi peut être gravement affectée par des idées et des croyances négatives, qui peuvent également aggraver l'anxiété sociale. Nous pouvons cependant travailler délibérément à créer une pensée plus positive et à restaurer notre confiance en affrontant et en recadrant activement ces comportements négatifs.

Pour commencer, il est essentiel de reconnaître les idées et attitudes défavorables qui alimentent l'anxiété sociale et le doute de soi. Pour affronter les mauvaises pensées, il faut d'abord apprendre à identifier et surveiller leur conversation interne.

Une fois ces idées reconnues, il est essentiel d'examiner leur validité. Les pensées négatives trouvent souvent leur origine dans des croyances erronées et des pensées malavisées. Nous pouvons obtenir un point de vue plus fondé et impartial en examinant les données qui confirment et réfutent ces idées.

Augmenter la confiance en soi nécessite de remplacer les idées pessimistes par des idées responsabilisantes et positives. Cela implique de reformuler délibérément les remarques critiques envers soi-même pour s'affirmer soi-même. Par exemple, nous pouvons reformuler la pensée comme suit : « Je mérite d'être accepté et j'ai des contributions précieuses à offrir » plutôt que « Tout le monde me juge ».

L'auto-compassion, les pratiques de gratitude et le discours intérieur de soutien sont d'autres stratégies pour combattre les idées négatives et renforcer l'estime de soi. Nous pouvons renforcer notre confiance en soi en louant intentionnellement nos réalisations, en étant gentils avec nous-mêmes et en reconnaissant nos capacités.

Il faut du temps pour affronter les idées et attitudes défavorables, en particulier pour ceux qui souffrent d'anxiété sociale. Cependant, nous pouvons changer notre façon de penser, renforcer notre confiance et surmonter les contraintes que nous impose l'anxiété sociale en pratiquant activement cette technique et en obtenant l'aide d'un professionnel si nécessaire.

Cette voix, celle qui crie ou murmure occasionnellement des critiques et des incertitudes, est quelque chose que nous avons tous déjà entendu. Il s'agit de notre critique intérieur, une voix pessimiste persistante en nous qui peut sérieusement affecter notre estime de soi et notre confiance en soi, en particulier dans le contexte social.

Pour faire taire cette voix et prendre en charge votre histoire intérieure, vous devez d'abord reconnaître d'où elle vient et ses effets néfastes.

Les expériences de l'enfance sont généralement la source de notre critique intérieure. Les parents, enseignants ou camarades de classe qui nous critiquent peuvent avoir un effet durable sur nos peurs et notre vision de nous-mêmes. Notre critique intérieure se construit sur ces signaux dommageables que nous intériorisons.

À l'intérieur des nombreux visages du critique

Tout le monde n'a pas en lui une voix forte et critique. Cela peut paraître sournois et subtil. Lorsqu'un objectif est fixé, le critique intérieur peut essayer de le faire passer pour de l'humour en disant quelque chose comme : « Oh, vous pensez que vous pouvez le faire ? C'est du sarcasme.

Vous pouvez vous en tenir à des idéaux inaccessibles et votre critique intérieur peut ne jamais vous laisser vous sentir assez bien, soulignant toujours vos défauts, c'est du perfectionnisme.

Lorsque vous exagérez les circonstances au point que votre critique intérieur vous persuade qu'une erreur mineure entraînerait un désastre, c'est catastrophique.

En réduisant l'importance de vos efforts, le critique intérieur peut argumenter : « Pourquoi essayer, vous échouerez de toute façon. » C'est du découragement

Les effets négatifs du critique intérieur

Nos vies peuvent être grandement affectées par l'assaut incessant de la négativité de notre critique intérieur :

- Anxiété accrue : L'anxiété sociale et l'anxiété de performance sont causées par la peur du critique intérieur d'être jugé et d'échouer.

- Auto-sabotage : en nous décourageant d'essayer de nouvelles choses ou de prendre des risques, notre critique intérieure pourrait nous empêcher de réaliser notre plus grand potentiel.

- Dépression : des pensées négatives persistantes peuvent exacerber les sentiments dépressifs et désespérés.

- Estime de soi et estime de soi réduites : les pensées d'autodérision et les discours intérieurs négatifs peuvent nous amener à remettre en question nos capacités et notre valeur, ce qui peut entraîner un sentiment d'insuffisance et d'infériorité. Nos relations, notre productivité au travail et notre qualité de vie en général peuvent en souffrir.

- Opportunités perdues : lorsque nous laissons nos croyances limitantes nous empêcher d'avancer, nous risquons de perdre des chances de nous développer, d'acquérir des connaissances et d'atteindre nos objectifs consistant à devenir plus adeptes de la communication interpersonnelle. De plus, nous pourrions retarder l'essai de nouvelles choses, prendre des risques ou poursuivre nos passions, ce qui peut nous laisser un sentiment de regret et d'insatisfaction.

- Isolement social : nous pouvons nous sentir mal à l'aise et gênés dans les interactions sociales en raison de discours intérieurs négatifs et d'idées limitantes, ce qui peut nous amener à éviter ou à nous retirer des rencontres sociales. L'isolement social et la solitude peuvent en résulter, ce qui peut intensifier les pensées et les émotions défavorables.

- Problèmes de santé mentale : des problèmes de santé mentale comme l'anxiété et la dépression peuvent survenir à la suite d'un discours intérieur négatif. La gestion de ces maladies parfois invalidantes peut nécessiter des soins médicaux d'un expert.

- Conflits entre les personnes : les discours intérieurs négatifs et les idées limitantes peuvent nuire à nos relations avec les autres en nous obligeant à projeter sur eux nos propres émotions et pensées négatives. Des dommages relationnels, des désaccords et des malentendus peuvent en résulter. En outre, les préjugés et la discrimination peuvent résulter des hypothèses restrictives que nous avons sur des groupes sociaux particuliers.

En comprenant votre critique intérieure et ses effets néfastes, vous pouvez commencer à gérer votre conversation interne et créer une version plus optimiste et plus sûre de vous-même.

Pour surmonter les croyances limitantes, il est essentiel de les reconnaître et de les remettre en question. Nous pouvons confronter nos croyances limitantes en nous demandant : « Cette croyance est-elle basée sur des faits ou des hypothèses ? ou des demandes similaires. "Quelles preuves cette croyance contredit-elle ou y a-t-il des raisons d'en douter ?" "Si j'abandonnais cette croyance, que se passerait-il ?" Cela nous aidera à identifier les schémas de pensée négatifs qui nous empêchent d'avancer et à les remplacer par des idées plus responsabilisantes et positives.

Reconnaître votre critique intérieure

1. Prendre conscience de votre critique intérieure est la première étape pour la contrôler. Lorsque vous vous sentez nerveux ou peu sûr de vous, portez une attention particulière aux mots que vous vous dites. Quelle langue utilisez-vous lorsque vous vous parlez ? Est-ce insultant ou édifiant ?

2. Rejetez les messages de votre critique intérieur une fois que vous les avez reconnus. Présentez des preuves de ces croyances pessimistes. Pour combattre l'affirmation de votre critique intérieur selon laquelle, par exemple, « vous n'êtes pas assez bon pour leur demander de sortir avec vous »,

fournissez des exemples concrets de vos réalisations dans le passé.

3. Faites-vous preuve de la même considération et de la même compassion que vous feriez envers un ami. Ne vous concentrez pas sur vos défauts et vos échecs ; au lieu de cela, reconnaissez-les. Pardonnez-vous vos erreurs et cultivez l'auto-compassion.

4. Remplacez la négativité de votre critique intérieur par des affirmations constructives sur une base consciente. Ces mots succincts mais percutants mettent en valeur vos capacités et vos points forts. Les affirmations doivent être répétées

chaque jour pour lutter contre le discours intérieur négatif et accroître la confiance en soi.

5. Bien qu'il existe en vous, votre critique intérieur n'a pas à vous gouverner. Vous pouvez apprendre à faire taire la négativité et à vous défendre en prenant conscience de ses stratégies et en cultivant l'auto-compassion.

Cchapitre 5 : Le pouvoir des petits pas

La tentation de s'occuper de tout en même temps peut être grande tout en faisant face à l'anxiété sociale. Peut-être que votre rêve est de mener facilement une conversation lors d'une fête ou de faire une présentation engageante. D'un autre côté, se fixer des objectifs irréalistes dès le début peut souvent entraîner une déception et un revers dans votre quête de confiance. Le pouvoir de petites interactions réalisables détient le secret pour vaincre l'anxiété sociale.

Voici les raisons pour lesquelles il est si important de commencer modestement tout en développant la confiance sociale :

- Créer de l'énergie : vous pouvez obtenir un succès rapide en commençant par de petites rencontres gérables. On se sent accompli quand on peut engager une conversation rapide avec un voisin ou mener un échange simple avec un caissier. Ces petits triomphes vous donnent plus de confiance en vous et vous incitent à tenter des tâches un peu plus difficiles à l'avenir.

- Donnez la priorité au progrès plutôt qu'à la perfection : Fixer des objectifs modestes vous permet de vous concentrer sur l'avancement plutôt que sur la perfection. Les relations sociales sont irrégulières et chaotiques. Commencer petit vous permet de considérer les erreurs comme des opportunités d'enseignement plutôt que comme des échecs désastreux. Cela vous rend plus résilient et vous motive à continuer d'avancer.

- Réduire la nervosité : Il peut être extrêmement intimidant de penser à un contact social important, qui provoque de l'anxiété et de l'évitement. Les conversations plus petites, cependant, sont plus faciles à gérer car elles sont moins intimidantes. Au fil du temps, votre anxiété diminuera grâce à votre capacité à vous exposer progressivement à des situations sociales sans vous sentir dépassé.

- Améliore les compétences sociales : aussi bref que soit l'échange, il vous offre la possibilité de perfectionner vos compétences sociales. Les muscles impliqués pour poser des questions, prêter attention et garder un contact visuel sont renforcés par la pratique. Commencer petit offre un environnement sécurisé, exempt de critiques ou de pressions pour perfectionner ces capacités.

- Augmente l'auto-efficacité : L'auto-efficacité est la conviction que vous pouvez réussir dans certaines circonstances. Vous développez un sentiment d'efficacité personnelle en gérant bien les petites situations sociales. Votre confiance grandit lorsque vous commencez à penser que vous pouvez gérer des environnements sociaux plus formels.

- Établit une base de développement : les améliorations majeures commencent par de petites victoires. En réussissant régulièrement à surmonter de petits obstacles sociaux, vous vous dirigerez inévitablement vers des obstacles plus importants. Votre zone de confort s'élargit avec le temps et les défis qui semblaient auparavant insurmontables deviennent réalisables.

Exemples de début petit

Pour commencer, considérez ces exemples de contacts sociaux modestes mais réalisables :

- Lorsque vous croisez quelqu'un dans la rue, souriez et regardez-le dans les yeux.
- À l'épicerie, posez une question simple.
- Faire une remarque sur la tenue vestimentaire de quelqu'un.
- Faites une présentation avec un voisin.

- Démarrez une discussion rapide avec un collègue.
- Participez à des groupes virtuels ou à des forums de discussion.

Prendre confiance en soi en participant progressivement

Développer l'assurance en soi grâce à une implication progressive : une approche méthodique du confort social

La connexion avec les autres peut être entravée par l'anxiété sociale, qui peut ressembler à un énorme mur. Il peut être intimidant d'envisager de participer à un grand événement social sans avoir d'abord fait une petite conversation. Mais acquérir confiance en soi et confort social ne doit pas nécessairement être une transition difficile. C'est un chemin jalonné d'étapes plus raisonnables et plus petites, ou ce que l'on appelle un engagement progressif. Voici différentes manières de vivre cette aventure :

1. Déterminez votre niveau de confort : Déterminez avant toute autre chose l'endroit où vous vous sentez le plus à l'aise dans un contexte social. Vous sentez-vous plus à l'aise dans des situations individuelles ou en petits groupes ? La communication en ligne peut sembler plus sûre en ce moment. Reconnaissez votre situation actuelle et n'essayez pas de la dépasser ou de la dépasser.

2. Établissez des objectifs SMART : établissez des objectifs SMART pour votre engagement progressif plutôt que de rechercher des objectifs généraux comme « être plus social ». Ces objectifs sont limités dans le temps (avoir une date limite de réalisation), pertinents (alignés sur vos objectifs à long terme), spécifiques (cibler une action spécifique), mesurables (surveiller vos progrès) et atteignables (réalistes en fonction de votre zone de confort). . Dites : « Je sourirai et établirai un contact visuel avec au moins trois personnes que je ne connais pas bien la semaine prochaine. »

3. Accordez la priorité aux petites victoires : ne sous-estimez jamais l'importance des petits

triomphes. Commencez par de petites conversations qui sont à la fois confortables et juste un peu inconfortables pour vous. Cela peut être aussi simple que de dire bonjour à un voisin, de poser une question au caissier ou de s'inscrire à un groupe social en ligne centré sur un intérêt commun. Appréciez ces petites victoires car elles sont le fondement de votre confiance en vous.

4. Augmentez progressivement la difficulté : augmentez progressivement la difficulté de vos rencontres à mesure que vous commencez à atteindre vos premiers objectifs. Vous pouvez prolonger la durée, rendre vos conversations plus complexes ou modifier le cadre social. Peut-être passez-vous de l'envoi d'un message d'accueil rapide

à quelqu'un à une conversation rapide, ou d'une interaction avec des personnes en ligne à une sortie prendre un café.

5. Honorez l'avancement plutôt que la perfection : Plutôt que de vous concentrer sur l'atteinte de la perfection, célébrez vos progrès. Les revers sont inévitables et les interactions sociales sont compliquées. Ne laissez pas une rencontre inconfortable vous arrêter sur votre chemin. Reconnaissez vos progrès, tirez les leçons des erreurs passées et n'arrêtez jamais d'avancer.

6. Acceptez l'inconfort : Une implication progressive entraînera toujours des situations inconfortables. Cela indique un développement !

Considérez votre inconfort comme une partie normale du processus plutôt que d'essayer d'y échapper. Rappelez-vous que ces contextes sociaux deviendront moins anxiogènes à mesure que vous vous y exposerez.

7. Offrez-vous une friandise : Un comportement gratifiant est essentiel pour maintenir la motivation. Offrez-vous une récompense lorsque vous atteignez un objectif, aussi petit soit-il. Cela peut aller de prendre un café pour vous-même à une pause apaisante. Reconnaître les réalisations vous maintient motivé et renforce votre estime de soi.

8. Donner la priorité à la connexion plutôt qu'à la performance : Favoriser de véritables connexions

plutôt qu'une performance parfaite est l'objectif de l'engagement progressif. Mettez davantage l'accent sur la présence dans l'instant présent, l'écoute active et la démonstration d'intérêt pour les autres plutôt que de simplement dire la « bonne » chose. Les relations authentiques augmentent inévitablement la confiance en soi et le confort social.

9. Avancées de la pratique : Développer la confiance sociale, c'est comme travailler un muscle ; il devient plus fort avec une utilisation régulière. Faites un effort pour socialiser, même s'il ne s'agit que d'une petite conversation avec quelqu'un. Plus vous pratiquerez, plus vous deviendrez apte à gérer les situations sociales.

10. Localisez votre réseau de soutien : Soyez en compagnie de personnes qui vous aideront pendant votre voyage et qui comprennent votre anxiété sociale. Il peut s'agir de parents, d'amis proches ou même d'une communauté de soutien en ligne. Votre motivation et votre confiance en vous peuvent changer considérablement si vous disposez d'un système de soutien.

Rappel : il faut du temps et des efforts pour développer la confiance grâce à un engagement constant. Profitez du processus pour devenir une version plus grégaire et connectée de vous-même, soyez gentil avec vous-même et célébrez vos victoires.

Cchapitre 6 : Langage corporel et compétences en communication

Bien qu'une communication efficace soit essentielle au succès des relations personnelles et professionnelles, vos indices non verbaux, ou « langage corporel », en disent en réalité plus que les mots n'ont jamais été prononcés. Le langage corporel, qui est souvent pratiqué inconsciemment plutôt qu'intentionnellement, est l'utilisation de comportements physiques, d'expressions et de manières pour communiquer de manière non verbale.

Des signaux sans paroles sont constamment envoyés et reçus lorsque vous interagissez avec d'autres personnes, que vous en soyez conscient ou non. L'ensemble de votre langage corporel transmet des messages à travers vos gestes, votre posture, le ton de votre voix et la quantité de contact visuel. Ils ont le pouvoir de réconforter, d'inspirer confiance et d'inciter les autres à interagir avec vous, ou ils peuvent blesser, rendre perplexe et saper votre message. De plus, ces signaux continuent même après que vous ayez arrêté de parler. Vous utilisez toujours la communication non verbale même lorsque vous restez silencieux.

Parfois, il y a un décalage complet entre ce que vous dites avec votre bouche et ce que vous transmettez avec votre langage corporel. Votre public pensera probablement que vous êtes malhonnête si vous dites une chose, mais votre langage corporel suggère quelque chose de différent. Par exemple, si vous tendez la main pour recevoir quelque chose tout en refusant, en disant « non merci ». Lorsqu'on lui présente des signaux aussi contradictoires, l'auditeur doit décider à quels signaux non verbaux il fait confiance. Il optera probablement pour le signal non verbal puisque le corps le langage est un langage involontaire et naturel qui transmet vos intentions et vos sentiments réels.

Cependant, vous pouvez communiquer plus efficacement, établir des liens plus profonds avec les gens et nouer des relations plus épanouissantes si vous comprenez et utilisez mieux les signaux non verbaux.

La valeur de la communication non verbale

Vos signaux non verbaux – la façon dont vous écoutez, regardez, bougez et réagissez – indiquent à votre interlocuteur à quel point vous êtes attentif, à quel point vous êtes sincère et si vous vous en souciez ou non. Établir une congruence entre vos signaux non verbaux et votre langage parlé favorise les relations, la clarté et la confiance. S'ils ne le font pas, cela pourrait conduire à des conflits, à la méfiance et à des malentendus. Il est essentiel de développer une plus grande conscience de votre langage corporel et de vos indices non verbaux en plus des autres si vous souhaitez vous améliorer en tant que communicateur.

La communication non verbale peut jouer cinq rôles :

- Répétition : elle réitère et renforce fréquemment les points que vous énoncez à voix haute.

- Contradiction : cela peut suggérer à votre public que vous ne dites peut-être pas la vérité en allant à l'encontre de ce que vous essayez de faire valoir.

- Il peut servir d'alternative au message parlé. Par exemple, votre expression communique souvent un point de manière beaucoup plus vivante que les mots ne le pourraient jamais.

- Complémentaire : cela pourrait renforcer ou améliorer ce que vous dites à voix haute. Tapoter un manager dans le dos en plus de le féliciter peut aider l'employé à mieux comprendre ce que vous dites.

- Accentuation : elle peut attirer l'attention ou souligner un mot prononcé. Par exemple, frapper la table peut souligner l'importance de votre déclaration.

Types de communication non verbale

Le langage corporel, ou communication non verbale, se présente sous diverses formes. Ceux-ci inclus:

- Expressions sur le visage. Le visage humain a un grand pouvoir expressif et peut représenter un large éventail d'émotions sans parler. De plus, les expressions faciales sont universelles, contrairement à de nombreuses méthodes de communication non verbales. Toutes les civilisations utilisent les mêmes expressions faciales pour exprimer le bonheur, la tristesse, la colère, la surprise, la peur et le dégoût.

- Posture et langage corporel. Pensez à la manière dont la posture, la démarche ou la manière de tenir la tête d'une personne peut influencer votre opinion à son sujet. Le monde peut apprendre beaucoup de choses sur vous grâce à votre façon de marcher et de vous comporter. Cette catégorie de communication non verbale englobe votre position, votre comportement, votre posture et vos petits gestes.

- Mouvements. Notre vie quotidienne est liée aux gestes. Lorsque vous débattez ou parlez avec passion, vous pouvez saluer, pointer du doigt, faire signe ou utiliser vos mains ; vous vous communiquez fréquemment par des gestes sans y penser. Toutefois, les différences culturelles peuvent grandement différer dans la signification de certains gestes. Dans les pays anglophones, le geste de la main signifiant « OK » est souvent interprété positivement ; néanmoins, dans des pays comme le Brésil, l'Allemagne et la Russie, cette pratique est mal vue. Il est donc crucial d'utiliser les gestes avec prudence pour éviter les malentendus.

- Établir un contact visuel. Étant donné que le sens principal de la plupart des gens est la vision, le contact visuel est un type de communication non verbale particulièrement crucial. De nombreux messages peuvent être transmis par la façon dont vous regardez quelqu'un, comme l'attirance, l'animosité, l'affection ou l'intérêt. Maintenir un contact visuel est crucial pour déterminer l'attention et la réponse de l'autre personne, ainsi que pour faire avancer la conversation.

- Sentir. Le toucher est un moyen très important de communication. Considérez les messages extrêmement divers véhiculés, par exemple, par une prise ferme sur le bras, un câlin chaleureux d'ours, une tape condescendante sur la tête ou une poignée de main tremblante.

- Chambre. Avez-vous déjà eu une conversation dans laquelle vous vous êtes senti mal à l'aise parce que l'autre personne occupait votre espace et se tenait trop près ? L'espace physique est quelque chose dont nous avons tous besoin, même si cela dépend de la situation, de la culture et de l'intimité de l'interaction. L'espace physique peut être utilisé pour transmettre un large éventail de messages non verbaux, tels que ceux de pouvoir, d'intimité et de violence.

- Mot. La façon dont vous dites les choses compte plus que ce que vous dites. Les gens écoutent ce que vous dites lorsque vous parlez, mais ils peuvent aussi « lire » votre voix. Ils prennent note de votre cadence et de votre timing, du volume auquel vous parlez, de votre ton et de votre intonation, ainsi que des sons comme « ahh » et « uh-huh » qui indiquent la compréhension.

Est-il possible d'imiter des signaux non verbaux ?

Une multitude de livres et de sites Web vous guident en utilisant le langage corporel à votre avantage. Par exemple, pour projeter la confiance ou établir le contrôle, ils peuvent vous apprendre à croiser les doigts, à serrer la main ou à vous asseoir d'une manière spécifique. Cependant, la vérité est qu'il est peu probable que ces stratégies réussissent (à moins que vous ne vous sentiez véritablement en contrôle et en confiance). En effet, vous êtes impuissant face aux nombreuses indications que vous donnez sur vos pensées et vos émotions. De plus, vos signaux sont susceptibles de paraître plus artificiels à mesure que vous essayez.

Comment communiquer plus efficacement de manière non verbale

La communication non verbale est un processus de va-et-vient qui évolue rapidement et nécessite une attention totale au temps présent. Vous risquez probablement de manquer des indices non verbaux et de ne pas comprendre pleinement les nuances de ce qui est dit si vous préparez vos prochains mots, regardez votre téléphone ou pensez à autre chose. En plus d'être présent, une formation à la gestion du stress et à l'intelligence émotionnelle peut vous aider à communiquer plus efficacement de manière non verbale.

Acquérir des compétences de gestion du stress sur place

Le stress ruine vos capacités de communication. Le stress augmente la probabilité que vous interprétiez mal les autres, que vous émettez des signaux non verbaux peu clairs ou troublants et que vous adoptiez des comportements réflexifs nuisibles. Rappelez-vous que les sentiments sont contagieux. Votre état émotionnel peut probablement agiter les autres, exacerbant ainsi un scénario déjà désagréable.

Faites une pause si vous vous sentez trop stressé

Avant de reprendre la conversation, accordez-vous un moment pour vous ressaisir. Une fois votre équilibre émotionnel rétabli, vous vous sentirez mieux préparé à gérer le problème de manière constructive.

Utiliser vos sens

ce que vous voyez, entendez, sentez, goûtez et touchez, ainsi que les mouvements apaisants sont les moyens les plus rapides et les plus fiables de réduire la tension et de vous détendre sur le moment. Presser une balle anti-stress, écouter une certaine chanson, regarder une photo de votre enfant ou de votre animal de compagnie, ou toute combinaison de ces éléments, vous aidera à vous détendre et à vous recentrer rapidement. Étant donné que chaque personne réagit différemment, vous devrez peut-être essayer plusieurs expériences sensorielles différentes avant de décider laquelle vous convient le mieux.

Devenez plus conscient de vos émotions

Pour communiquer efficacement par des signes non verbaux, vous devez être conscient de vos sentiments et de la façon dont ils vous affectent. Reconnaître les émotions des autres et les sentiments réels cachés sous leurs indices est une autre compétence nécessaire. C'est ici que l'intelligence émotionnelle entre en jeu. Être sensible aux émotions vous permet de lire les individus avec précision, en tenant compte de leurs sentiments et des messages tacites qu'ils peuvent véhiculer, d'établir la confiance dans les relations en communiquant avec vos paroles ainsi que vos paroles, de réagir de manière à transmettre aux autres votre compassion et compréhension.

Parce que nous avons été entraînés à essayer de réprimer nos émotions, beaucoup d'entre nous en sont émotionnellement éloignés, en particulier des émotions puissantes comme la colère, le chagrin et la peur. Cependant, vous ne pouvez pas vous débarrasser de vos émotions ; vous ne pouvez que les ignorer ou les émousser. Ils existent toujours et continuent d'influencer vos actions. Cependant, vous aurez plus d'influence sur vos pensées et vos actions si vous parvenez à élever votre conscience émotionnelle et à apprendre à vous connecter même avec les émotions négatives.

Comprendre le langage corporel

Vous améliorerez votre interprétation des signaux non verbaux des autres une fois que vous aurez perfectionné vos compétences en matière de gestion du stress et d'intelligence émotionnelle. Il est également crucial de :

- Gardez un œil sur les contradictions. Ce qui est dit doit être appuyé par des indices non verbaux. L'individu exprime-t-il une chose alors que son langage corporel suggère une signification différente ? Par exemple, est-ce qu'ils hochent la tête « non » tout en vous disant « oui » ?

- Ayez confiance en votre intuition. Ne négligez pas votre instinct. Vous remarquerez peut-être une incohérence entre les signes verbaux et non verbaux si vous avez l'impression que quelqu'un ne dit pas la vérité ou que les choses ne s'additionnent pas.

- Évaluez les signaux non verbaux : l'autre personne maintient-elle un contact visuel ? Si oui, est-ce approprié ou trop intense ?

- Observez l'expression de leur visage. Quelle est l'expression de leur visage ? Est-ce inintéressant et semblable à un masque, ou

est-ce expressif et émotionnellement présent
?

- Vérifiez le ton de sa voix : la voix de la personne est-elle tendue et bloquée, ou respire-t-elle de la chaleur, de la confiance et de l'intérêt ?

- Ont-ils une posture et un geste détendus ou rigides, statiques ? Ont-ils les épaules détendues ou raides et relevées ?

- Toucher : y a-t-il une interaction pratique ? Est-ce adapté aux circonstances ? Trouvez-vous cela inconfortable ?

- Intensité : L'individu semble-t-il trop théâtral ou plat, froid et indifférent ?

- Heure et lieu : l'échange d'informations est-il fluide entre les parties ? Les signaux non verbaux arrivent-ils trop tôt ou trop tard ?

- Sons : entendez-vous des bruits de la part de la personne qui suggèrent de la curiosité, de l'inquiétude ou de l'attention ?

Cchapitre 7 : Démarreurs de flux et de conversation

Il y a des moments où j'ai envie de parler à quelqu'un que je ne connais pas ou que cette personne est une femme. Heureusement, je peux contrôler ma nervosité dans une certaine mesure. Cependant, une fois que j'ai l'attention de cette personne, les questions que je me pose sont les suivantes : comment lui parler ? Comment maintenir la conversation ? Je me dis à ce moment-là : « À quoi ça sert d'approcher cette personne, d'attirer son attention et de ne pas pouvoir démarrer ou poursuivre la conversation ? parce que mon esprit est si vide. Cela deviendrait immédiatement embarrassant. Sortez cela de votre esprit ! Je préférerais le laisser tranquille. Je devrai ensuite faire face aux regrets associés. C'est devenu une tendance car cela se produit fréquemment. Au fil du temps, j'ai réalisé de manière embarrassante que j'étais devenu si introverti que je n'étais plus capable de tenir des discussions significatives. J'étais également devenue une personne ennuyeuse et je n'avais pas réussi à améliorer mes capacités de communication. J'ai commencé à sortir de ma zone de confort et à parler à des inconnus, en utilisant les idées de démarrage de conversation, et dans presque tous les cas, j'ai réussi. J'ai donc décidé que je devais apprendre les amorces de conversation, même si je devais les mémoriser. Hourra! La plupart du temps, l'autre personne finit par parler pendant la majeure partie de la conversation. "Donc, je dois juste proposer un sujet à discuter, puis boum ! L'autre partie s'en chargera à partir de là", me suis-je dit.

Je vais vous fournir quelques amorces de conversation afin que vous puissiez éviter de paraître ennuyeux lorsque vous approchez un inconnu ou proposez un sujet de discussion.

- Avez-vous déjà visité cet endroit ? (Excellent pour les restaurants, les événements et les cafés)

- "Ce [vêtement, plat ou boisson] est intrigant ! Qu'est-ce que c'est ?"

- C'est une belle journée, n'est-ce pas ? (Par une journée agréable)

- "Je n'ai pas pu m'empêcher d'entendre [une remarque impartiale sur une question situationnelle]." Comment vous sentez-vous?"

- Pourquoi es-tu venu ici aujourd'hui ? (Lors d'une réception ou d'une assemblée)

Environnements professionnels/de travail

- Sur quel projet travaillez-vous actuellement et que vous trouvez le plus intéressant ? »

- « Avez-vous récemment assisté à d'excellents ateliers ou conférences ? »

- "J'ai observé [discuter d'un sujet ou d'une occasion professionnelle pertinente]. Qu'en pensez-vous ?"

- Quel aspect de votre travail préférez-vous ici ? »

Événements sociaux et fêtes

- "Quel événement fantastique ! Vous connaissez l'hôte, comment ?"

- "Votre [jupe, chaussures, etc.] est adorable ! D'où l'avez-vous achetée ?"

- « Avez-vous goûté le [dîner ou la boisson] ? On dit que c'est délicieux.

- "Qu'attendez-vous de cette [saison, occasion, célébration] ?"

- "Quelle compétence inexploitée possédez-vous ? (Brise-glace intéressant)

Parlez dès que vous rencontrez de nouvelles personnes

- Vous connaissez l'hôte, comment ?

- D'où venez-vous?

- Qu'est-ce qui vous passionne ?

- Combien appréciez-vous chez un ami ?

- Qu'est-ce qui vous rend heureux à chaque fois ?

- Envisagez-vous de prendre une décision dont vous aimeriez discuter avec quelqu'un ?

- Qu'est-ce qui vous rend heureux en ce moment ?

- Sur quelle tâche difficile travaillez-vous actuellement ?

- Où dans la vie trouvez-vous le plus grand sens ?

- Quel héritage espérez-vous laisser derrière vous ?

- Pendant quelle durée pensez-vous qu'on se souviendra de vous ?

- Selon vous, quelle est l'action la plus significative que vous avez entreprise jusqu'à présent dans votre vie ?

- Quel genre de différence durable pensez-vous avoir apporté dans le monde ?

- Quel attribut est le plus crucial qu'une personne possède ?

- De quoi le monde a-t-il besoin de plus ?

- Qu'est-ce qui est le moins nécessaire dans le monde ?

- Pensez-vous qu'à l'avenir, la religion organisée devrait jouer un rôle plus ou moins important dans la société ?

- Que signifie le bonheur ?

- Dans quelle mesure accordez-vous plus d'importance à prendre soin de vous, de votre famille ou du monde ?

- Selon vous, quels changements positifs ou négatifs le monde traverse-t-il ?

- Vivez-vous selon une devise ou un ensemble de principes ?

- Quel matériel historique mérite d'être préservé ?

- Selon vous, quels facteurs ont contribué aux changements dans la société survenus au cours de votre vie ?

- Qu'est-ce qui est préférable : l'optimisme ou le réalisme ?

- Que préférez-vous : la campagne ou la ville ?

- Quel élément (le feu, l'eau, la terre ou l'air) vous parle le plus ?

- Comment vous comportiez-vous quand vous étiez enfant ?

- Quand tu étais adolescent, qui étais-tu ?

- Si vous avez fréquenté l'université, décrivez-vous.

- Prenez-vous des risques ?

- Êtes-vous une personne du matin ou du soir avec une routine définie ?

- Avez-vous vécu des événements marquants dans votre vie jusqu'à présent ?

- Quelles réalisations vous rendent fier ?

- Avez-vous constaté des changements dans vos valeurs ou vos opinions au fil du temps ?

- Dans le groupe de personnes qui tentent de survivre à l'apocalypse zombie, quel rôle joueriez-vous ?

- Faites-vous des cadeaux attentionnés ?

- Quel cadeau pensez-vous avoir reçu le meilleur ?

- Quelle est la prochaine destination que vous aimeriez visiter ?

- Avez-vous déjà participé à des activités criminelles ?

- Une fois à la retraite, que souhaitez-vous faire ?

- Quel aspect d'une journée normale préférez-vous ?

- Pour vous, qu'est-ce que prendre soin de soi ?

- Quelle question aimeriez-vous que plus de gens vous posent ?

- Comment décririez-vous la journée parfaite ?

- Quel passe-temps étrange vous intéresse beaucoup ?

- Quel est votre signe astrologique et dans quelle mesure pensez-vous qu'il est précis ?

- Quel est l'article le plus intrigant que vous ayez lu récemment ?

- Quel sujet controversé avez-vous fait récemment ?

- Est-ce que vous et votre famille vous entendez bien ?

- Cette semaine, vous êtes partant pour aller vous promener ou prendre un café ?

- Établir des liens avec d'autres personnes est l'une des joies les plus fondamentales de la vie, mais pour y parvenir, il faut plus qu'une simple conversation informelle.

- Des idées de discussions pour démarrer en toute circonstance

- Connaissez-vous des frères et sœurs ?

- S'ils sont nouveaux dans la ville, qu'est-ce qui vous a poussé à déménager ici ?

- Êtes-vous plutôt un chat ou un chien, ou aucun des deux ?

- Lorsque vous ne travaillez pas, comment passez-vous habituellement votre temps ?

- Comment décririez-vous la journée parfaite ?

- À quand remonte la dernière fois que vous avez ri en regardant quelque chose ?

- Quelle est votre destination préférée pour voyager ?

- Où avez-vous voulu le voir mais n'avez pas encore eu l'occasion de le voir ?

- Pensez-vous que l'astrologie est réelle ?

- Quel type de Myers-Briggs ou d'Ennéagramme êtes-vous ?

- Qu'est-ce qui vous énerve le plus ?

- Quelle est votre activité préférée du week-end ?

- Aimez-vous ou non l'attention que suscite la célébration de votre anniversaire ?

- Quel jour est ton anniversaire?

- Quel est votre signe du zodiaque ?

- Quelle émission de télévision avez-vous regardée récemment et que vous n'avez pas aimée ?

- Quelle célébrité convoitez-vous ?

- De quelle célébrité avez-vous initialement eu un coup de foudre ?

- Si un film était tourné sur votre vie, qui aimeriez-vous jouer ?

- Avec lequel de nos amis choisiriez-vous de vous marier tout de suite ?

- Parlez dès que vous rencontrez de nouvelles personnes

- Vous connaissez l'hôte, comment ?

- D'où êtes-vous ?

- Qu'est-ce qui vous passionne ?

- Combien appréciez-vous chez un ami ?

- Qu'est-ce qui vous rend heureux à chaque fois ?

- Envisagez-vous de prendre une décision dont vous aimeriez discuter avec quelqu'un ?

- Qu'est-ce qui vous rend heureux en ce moment ?

- Sur quelle tâche difficile travaillez-vous actuellement ?

- Où dans la vie trouvez-vous le plus grand sens ?

- Quel héritage espérez-vous laisser derrière vous ?

- Pendant quelle durée pensez-vous qu'on se souviendra de vous ?

- Selon vous, quelle est l'action la plus significative que vous avez entreprise jusqu'à présent dans votre vie ?

- Quel genre de différence durable pensez-vous avoir apporté dans le monde ?

- Quel attribut est le plus crucial qu'une personne possède ?

- De quoi le monde a-t-il besoin de plus ?

- Qu'est-ce qui est le moins nécessaire dans le monde ?

- Pensez-vous qu'à l'avenir, la religion organisée devrait jouer un rôle plus ou moins important dans la société ?

- Que signifie le bonheur ?

- Dans quelle mesure accordez-vous plus d'importance à prendre soin de vous, de votre famille ou du monde ?

- Selon vous, quels changements positifs ou négatifs le monde traverse-t-il ?

- Vivez-vous selon une devise ou un ensemble de principes ?

- Quel matériel historique mérite d'être préservé ?

- Selon vous, quels facteurs ont contribué aux changements dans la société survenus au cours de votre vie ?

- Qu'est-ce qui est préférable : l'optimisme ou le réalisme ?

- Que préférez-vous : la campagne ou la ville ?

- Quel élément (le feu, l'eau, la terre ou l'air) vous parle le plus ?

- Comment vous comportiez-vous quand vous étiez enfant ?

- Quand tu étais adolescent, qui étais-tu ?

- Si vous avez fréquenté l'université, décrivez-vous.

- Prenez-vous des risques ?

- Êtes-vous une personne du matin ou du soir avec une routine définie ?

- Avez-vous vécu des événements marquants dans votre vie jusqu'à présent ?

- Quelles réalisations vous rendent fier ?

- Avez-vous constaté des changements dans vos valeurs ou vos opinions au fil du temps ?

- Dans le groupe de personnes qui tentent de survivre à l'apocalypse zombie, quel rôle joueriez-vous ?

- Faites-vous des cadeaux attentionnés ?

- Quel cadeau pensez-vous avoir reçu le meilleur ?

- Quelle est la prochaine destination que vous aimeriez visiter ?

- Avez-vous déjà participé à des activités criminelles ?

- Une fois à la retraite, que souhaitez-vous faire ?

- Quel aspect d'une journée normale préférez-vous ?

- Pour vous, qu'est-ce que prendre soin de soi ?

- Quelle question aimeriez-vous que plus de gens vous posent ?

- Comment décririez-vous la journée parfaite ?

- Quel passe-temps étrange vous intéresse beaucoup ?

- Quel est votre signe astrologique et dans quelle mesure pensez-vous qu'il est précis ?

- Quel est l'article le plus intrigant que vous ayez lu récemment ?

- Quel sujet controversé avez-vous fait récemment ?

- Est-ce que vous et votre famille vous entendez bien ?

- Cette semaine, vous êtes partant pour aller vous promener ou prendre un café ?

- Idées pour démarrer une conversation lors d'un premier rendez-vous

- Qu'est-ce qui vous passionne en ce moment ?

- Êtes-vous préoccupé par quelque chose en particulier ?

- Quelle histoire de premier rendez-vous préférez-vous ?

- Seriez-vous capable de sortir avec un non-électeur ?

- Vous inquiétez-vous de la façon dont le climat change ?

- Est-ce que quelqu'un que vous connaissez s'est déjà marié après avoir rencontré quelqu'un via une application de rencontres ?

- Préféreriez-vous que votre rendez-vous soit politiquement similaire au vôtre ?

- Répondez-vous aux e-mails du travail le week-end ?

- Pensez-vous qu'il est important que votre partenaire suive la même religion que vous ?

- Si votre conjoint gagnait plus d'argent que vous, que ressentiriez-vous ?

- Avez-vous déjà participé à une marche de protestation ?

- Vivrez-vous avec quelqu'un avant de vous marier ?

- Avez-vous l'esprit ouvert à l'idée de sortir avec quelqu'un qui habite loin ?

- Que préféreriez-vous : un premier rendez-vous en groupe ou seul ?

- Pratiquez-vous la méditation ?

- Parles-tu très souvent à tes parents ?

- Économisez-vous de l'argent maintenant pour acheter votre propre maison ?

- Connaissez-vous plusieurs langues ?

- Iriez-vous à un rendez-vous avec quelqu'un qui a beaucoup de dettes ?

- Quel rôle la religion et/ou Dieu ont-ils dans votre vie ?

- Quel terme, intense ou décontracté, vous définit le mieux ?

- Seriez-vous capable de sortir avec une personne très désordonnée ?

- Aimez-vous parler politique?

- Lequel aimerais-tu être un cinglé ? Ou normal ?

- Avez-vous un travail en ce moment ?

- Le signe astrologique d'un match est-il important ?

- Seriez-vous prêt à sortir avec un toxicomane ?

- Êtes-vous fumeur ?

- Quelle serait l'expérience de baiser la plus romantique : partager un baiser dans une tente dans les bois ou à Paris ?

- Est-il normal de se sentir jaloux dans une relation ?

- Quelle idéologie politique – libérale/gauche, modérée, conservatrice/droite ou autre – résume le mieux vos opinions ?

- Êtes-vous prêt à devenir un couple marié en ce moment ?

- Combien de temps espérez-vous être en couple la prochaine fois ?

- Vous aimez les films effrayants ?

- Vous retrouvez-vous souvent à vous attarder sur des choses sur lesquelles vous n'avez aucun contrôle ?

- Quel type d'intelligence – mathématique et logique, interpersonnelle et sociale, ou artistique et visuelle – appréciez-vous le plus ?

- Qu'est-ce qui vous intéresse le plus en ce moment, le sexe ou l'amour, quelles que soient vos ambitions pour l'avenir ?

- Êtes-vous heureux dans votre poste actuel?

- Comment en êtes-vous arrivé à exercer votre profession actuelle ?

- Quels objectifs personnels poursuivez-vous actuellement ?

- Trouvez-vous que les rencontres sont agréables ?

- En ce moment, qu'attendez-vous d'une relation amoureuse ?

- Quelles qualités recherchez-vous chez un conjoint ?

- Que signifie pour vous être en couple ?

- Pourquoi votre précédent partenariat a-t-il pris fin ?

- Quelle est votre langue pour l'amour ?

- Quels genres de choses mettent fin à une relation pour vous ?

- Pour quelle matière ou passe-temps avez-vous une passion irrationnelle ?

- Que préféreriez-vous faire, des appels téléphoniques ou des SMS ?

- Qu'est-ce qui a piqué votre intérêt pour moi au début ?

- Qu'est-ce qu'être un bon partenaire ?

- Êtes-vous un partisan des cinq langages de l'amour ?

- Quel film romantique est le plus romantique que vous ayez jamais vu ?

- Existe-t-il un coup de foudre ?

Il peut être difficile de maintenir une conversation avec quelqu'un que vous venez de rencontrer, mais il existe quelques techniques que vous pouvez utiliser pour que tout se passe bien. Voici quelques suggestions :

- Il peut être utile de poursuivre la conversation et de vous fournir un aperçu supplémentaire des idées et des expériences de l'autre personne en posant des questions ouvertes plutôt que des questions auxquelles on peut répondre par un simple « oui » ou « non ».

- Écoutez activement : Démontrez votre intérêt pour les paroles de l'autre personne en prêtant attention à son langage corporel et au ton de sa voix en plus d'entendre ce qu'elle a à dire. Les signes d'écoute active incluent un hochement de tête, le maintien d'un contact visuel et le suivi d'une question.

Comment engager une conversation tout en écoutant activement

Vous pouvez utiliser diverses stratégies pour montrer que vous êtes attentif et intéressé par ce que dit l'autre personne au cours d'une discussion. Voici quelques exemples de stratégies à utiliser :

- Gardez les yeux sur l'orateur : maintenir un contact visuel avec l'orateur communique votre attention et votre intérêt pour ce qu'il a à dire. Cependant, gardez à l'esprit les différences culturelles et modifiez votre regard si nécessaire.

- Utilisez un langage corporel invitant et ouvert en vous tenant face à l'orateur, en hochant la tête de temps en temps pour indiquer votre compréhension et en évitant les bras ou les jambes croisés, ce qui pourrait être interprété comme une position défensive.

- Évitez les interruptions : donnez à l'orateur l'espace nécessaire pour finir de parler avant de répondre, car cela peut être irritant et entraver le déroulement de la conversation.

- Soyez impartial et évitez de porter des jugements hâtifs en pratiquant l'écoute sans faire d'hypothèses ni imposer vos convictions aux autres.

- Prouvez que vous êtes attentif en hochant la tête, en souriant et en donnant de brefs signaux vocaux comme « oui » ou « euh huh » pour montrer que vous êtes attentif et pour inciter l'orateur à continuer.

- Posez des questions pertinentes : susciter des questions intelligentes vous aide non seulement à acquérir une compréhension plus profonde du discours, mais démontre également votre attention aux détails et votre intérêt pour les idées de l'orateur.

- Récapitulez les principales parties du discours de l'orateur en les paraphrasant ou en résumant ses propos. Cela démontre non seulement que vous êtes attentif, mais cela aide également à confirmer que vous comprenez ce qu'ils ont dit.

- Suivi : avoir une solide introduction à la conversation n'est que la première étape ; soyez prêt à approfondir vos connaissances et à vous intéresser à la réponse de l'autre personne.

- Soyez vous-même : les gens se connectent avec une curiosité sincère et une attitude agréable, il est donc crucial d'être authentique et de laisser transparaître votre personnalité.

- Lire la salle : Tout le monde n'est pas à l'aise pour parler dans un cadre social. Observez les indices et le langage corporel pour déterminer si quelqu'un est disposé à une conversation.

Cchapitre 8 : Gérer le rejet

Le rejet fait partie de la vie. Cela m'a rendu plus fort

J'ai connu beaucoup de rejets du fait de relations amoureuses, d'opportunités d'emploi que je souhaitais poursuivre et même d'amitiés. J'avais l'impression de me heurter constamment à un mur et je n'avais aucune idée de ce que je faisais de mal. Le rejet fait naturellement partie de la vie et c'est quelque chose auquel nous devons tous faire face à un moment donné. Cependant, il est important de se rappeler que le rejet ne reflète pas votre estime de soi.

J'avais tellement envie de changement que j'ai décidé de faire une pause. J'ai arrêté d'essayer de trouver quelqu'un de nouveau, j'ai arrêté de postuler à un emploi et je me suis éloigné de l'environnement social. Je voulais réfléchir et comprendre pourquoi cela m'arrivait. Prendre une petite pause m'a aidé à réévaluer. J'étais submergé de pensées, essayant de comprendre pourquoi j'étais si constamment rejeté. Était-ce ma personnalité ? N'étais-je tout simplement pas assez bien ? J'ai réfléchi et réfléchi, et finalement, j'ai réalisé que le problème ne venait pas de moi. Je n'allais jamais pouvoir faire en sorte que tout le monde m'aime, alors à la place, j'ai décidé de me concentrer sur être moi-même et d'accepter qui je suis.

J'ai décidé de prendre en compte les retours que je recevais des refus et de les utiliser pour devenir une meilleure version de moi-même. J'ai commencé à rechercher des relations et des opportunités d'emploi qui me convenaient mieux, et je me suis assuré d'être honnête sur qui j'étais. Peu de temps après, la clause « NON » ne me déclenche plus quelle que soit la situation, je suis construit pour être plus fort et résistant au rejet, et je peux également surmonter la peur de l'anxiété et du rejet. Bien que personne n'aime être rejeté, certaines personnes sont plus vulnérables que d'autres au rejet dans des situations sociales. Les personnes ayant une forte sensibilité au rejet éprouvent une peur et une aversion au rejet qui altèrent leur vie quotidienne. Ces gens s'attendent à un rejet constant. De plus, ils agissent souvent de manière à aliéner les autres, car ils recherchent frénétiquement des indices indiquant que quelqu'un ne veut pas passer du temps avec eux. Il pourrait être difficile d'interrompre le cycle angoissant généré par ce comportement.

Pour obtenir le soutien et les conseils d'un conseiller qualifié au cas où vous ou un proche éprouveriez des pensées suicidaires, appelez la National Suicide Prevention Lifeline de votre pays. Composez le 911 ou le numéro d'urgence de votre pays si vous ou un de vos proches êtes en danger imminent.

Indications d'un rejet sensible

Les personnes très sensibles au rejet sont toujours à la recherche d'indices indiquant qu'elles vont être refusées. Toute indication indiquant que quelqu'un ne veut pas être avec lui le fait généralement réagir fortement.

Les personnes sensibles au rejet comprennent souvent mal, dénaturent et réagissent de manière excessive aux paroles et aux actes des autres en raison de leurs inquiétudes et de leurs attentes. Ils pourraient même réagir avec ressentiment et souffrance. Ce sont les variables qui affectent ces réactions exagérées.

Les personnes sensibles au rejet lisent souvent mal ou réagissent de manière excessive aux différentes expressions faciales. Une étude, par exemple, a découvert que lorsque les sujets voyaient un visage qui semblait vouloir les rejeter, leur activité cérébrale changeait proportionnellement à leur niveau de sensibilité au rejet.

Grâce à l'imagerie par résonance magnétique fonctionnelle (IRMf), les chercheurs ont découvert que lorsque les personnes ayant une sensibilité de rejet plus élevée voyaient des visages exprimant leur désapprobation, leur activité cérébrale changeait. Lorsque les participants à l'étude ont été comparés à ceux qui faisaient preuve de dégoût ou de fureur, les résultats étaient différents. Cette idée correspond aux personnes qui ne se sentent pas sensibles au rejet.

Plus encore que ceux qui ne sont pas sensibles au rejet, ceux qui redoutent le rejet présentent une activité physiologique accrue. Ils restent également vigilants face à d'autres signes indiquant qu'ils vont être rejetés. Ils pourraient même commencer à agir de manière à combattre ou à fuir.

Les personnes extrêmement sensibles au rejet dénaturent souvent et jugent mal le comportement des autres. Une personne sensible au rejet, par exemple, peut conclure que ses amis ne veulent plus être amis avec elle lorsqu'elle ne répond pas immédiatement à un SMS, mais une personne qui n'est pas sensible au rejet est plus susceptible de croire l'ami est tout simplement trop occupé pour réagir.

De plus, les personnes ayant une sensibilité élevée au rejet peuvent accorder une plus grande attention au rejet ou aux indications indiquant qu'elles ont été rejetées. Le biais d'attention est le terme utilisé pour désigner cela.

Une personne ayant une sensibilité élevée au rejet, par exemple, serait plus concentrée sur le rejet en question si elle demandait à dix personnes de sortir avec elles et que neuf d'entre elles répondaient oui tandis que l'autre refusait. Ils peuvent même en venir à penser que personne ne les aime et qualifier leurs efforts de rencontres de « désastre total ».

D'un autre côté, une personne ayant un faible seuil de rejet peut considérer la même situation comme un énorme succès. Cet individu pourrait ignorer le seul rejet et se concentrer sur les neuf rencontres réussies.

Les personnes qui font preuve d'une grande sensibilité interpersonnelle sont rongées par le rejet sous toutes ses formes, à la fois réel et perçu. Ils surveillent également de près les émotions et les actions des autres et sont extrêmement sensibles aux problèmes interpersonnels.

La sensibilité au rejet peut amener quelqu'un à rechercher constamment des preuves de rejet chez les autres. Par conséquent, même lorsqu'un ami ou un amant leur dit qu'ils vont bien, qu'ils sont aimés et suffisants, ils peuvent toujours se sentir rejetés. Ils aspirent également à des relations intimes. Cependant, leur peur d'être rejetés peut les amener à se sentir seuls et négligés. Il est cependant essentiel de se rappeler que même si une personne peut être sensible au rejet dans des situations sociales, elle peut ne pas l'être dans d'autres situations.

Par exemple, quelqu'un qui a peur du rejet social ne s'en souciera pas si sa candidature à un emploi en ligne est rejetée. Ils pourraient être capables de gérer le rejet différemment dans des circonstances où il n'y a pas de conséquences sociales.

Il est inévitable que chacun se heurte occasionnellement au rejet. Se faire dire « non » peut être une expérience bouleversante, voire exaspérante, qu'il s'agisse d'un partenaire potentiel qui vous a refusé ou d'un emploi pour lequel vous avez passé un entretien mais que vous n'avez pas obtenu. Il n'y a pas beaucoup de synonymes pour « rejeté », même lorsque quelqu'un fait de son mieux pour être gentil à ce sujet. Un verbe comme « répudier » ou un nom comme « déni » n'aide pas à atténuer les dégâts ni à prévenir les sentiments meurtris. Même si cette situation peut être difficile, il est courant que les gens ressentent cela et il existe des stratégies pour surmonter le rejet. Discutons des mécanismes d'adaptation sains au rejet ainsi que de la façon dont le cerveau l'interprète.

Pourquoi le rejet est-il si douloureux ?

Le groupe de neurones du cerveau qui régulent la récompense et l'inconfort social est connu sous le nom de système opioïde endogène. Il est intéressant de noter que le système est également chargé de contrôler la douleur réelle. Dans une étude, les réactions cérébrales des individus face au rejet et à l'acceptation sociale ont été examinées. En réponse au rejet, ce système cérébral a démontré une forte activation de régions spécifiques du cerveau, ce qui suggère que notre expérience est comparable à une douleur physique. Les recherches sur le cerveau indiquent que le rejet fait littéralement mal.

Les humains ont fondamentalement besoin d'une validation sociale et d'une connexion. En raison de l'évolution humaine et de la sélection naturelle, les humains sont des animaux sociaux dotés d'un cerveau très réactif aux stress qui perturbent notre tissu social. À l'inverse, vivre l'isolement social ou l'abandon peut entraîner une détresse psychologique, une anxiété sociale et une faible estime de soi plus graves. Cela peut même rendre plus difficile pour l'individu de développer ultérieurement des liens sociaux sains. Compte tenu de l'abondance des données scientifiques, il est simple de comprendre pourquoi nous sommes programmés pour nous prémunir contre le rejet et pourquoi nous le vivons si intensément lorsqu'il se produit.

Causes de la sensibilité au rejet

Aucun facteur ne provoque une sensibilité au rejet. Au contraire, une multitude de choses pourraient être impliquées. Outre les facteurs biologiques et génétiques, certaines explications potentielles incluent les expériences de l'enfance telles que l'intimidation et les parents critiques. Un examen plus approfondi des variables susceptibles de provoquer une sensibilité au rejet est présenté ci-dessous.

Événements de la petite enfance

La sensibilité au rejet peut être influencée par les premières expériences de rejet, d'abus et de négligence. Par exemple, le rejet physique ou émotionnel de la part d'un parent peut rendre une personne plus susceptible de devenir sensible au rejet. Mais le rejet ne doit pas toujours être brutal pour être efficace.

Une personne qui a une grande peur d'être rejetée dans d'autres relations peut également avoir grandi avec un parent émotionnellement absent ou très critique.

Les enfants sensibles au rejet sont également plus enclins à agir de manière agressive. Une étude publiée dans Child Development a révélé que les enfants extrêmement sensibles au rejet étaient plus enclins à anticiper le rejet avec colère. Ces enfants ont également manifesté davantage d'inconfort après un contact social peu clair avec un pair.

De même, les enfants victimes d'intimidation ou d'exclusion pourraient développer une plus grande peur du rejet à l'âge adulte. Quelqu'un qui a déjà fait l'expérience d'un rejet amer, sous quelque forme que ce soit, peut prendre des mesures considérables pour éviter de revivre cette expérience.

La susceptibilité aux dommages biologiques

De plus, on pense que certains individus peuvent être biologiquement sensibles à la sensibilité au rejet. Une personne plus susceptible d'être sensible au rejet peut avoir des qualités de personnalité spécifiques ou une prédisposition génétique. Certains chercheurs ont même associé la sensibilité au rejet à l'anxiété sociale, au névrosisme, à une faible estime de soi et à un style d'attachement insécurisant.

Effets de la sensibilité au rejet

Lorsqu'ils sont rejetés, ceux qui ont un niveau élevé de sensibilité au rejet se sentent plus en détresse psychologique, ce qui comprend la souffrance émotionnelle, la rage et le chagrin. Ils courent également un plus grand risque d'agir de manière agressive, de s'isoler des autres et de se faire du mal pour faire face à cet inconfort.

De plus, les personnes sensibles au rejet sont les plus affectées par deux facteurs : leur besoin constant d'être aimé et les difficultés qu'elles éprouvent à développer des relations profondes avec les autres. Voici un examen plus approfondi des deux éléments.

Désir continu d'être aimé

Les personnes sensibles au rejet pourraient avoir le sentiment qu'elles doivent convaincre tout le monde. De plus, s'ils sont refusés, ils peuvent déployer davantage d'efforts pour gagner à nouveau les faveurs de cette personne. Cette réponse au rejet peut se traduire à la fois par de nombreuses activités invitantes et par des habitudes qui plaisent aux gens. Selon une étude publiée dans le Journal of Personality and Social Psychology, les hommes qui connaissent des niveaux élevés de sensibilité au rejet sont enclins à tenter de se faire paraître plus sympathiques en réponse.

Ils ont également constaté que ces hommes auraient payé davantage pour être acceptés dans un groupe qui les avait rejetés. Ils ont essayé de convaincre une femme en dépensant de l'argent supplémentaire pour elle pendant le rendez-vous si elle leur donnait une mauvaise critique sur une application de rencontres fictive.

Les seuls cas dans lesquels les participantes se sont comportées de la même manière ont été celles où une relation amoureuse leur a été refusée après avoir déjà échangé des informations privées.

Les personnes sensibles au rejet réagissent à la vie de manière à les protéger de la souffrance. Malheureusement, leurs actions se retournent souvent contre eux.

Avoir du mal à créer des connexions

Une personne très sensible au rejet a du mal à se faire de nouveaux amis et peut même nuire aux relations qu'elle entretient déjà. Par exemple, ils peuvent accuser leur partenaire de les tromper à plusieurs reprises, ce qui peut amener l'autre personne à mettre fin à la relation.

De plus, si un ami ne répond pas immédiatement à ses invitations, une personne sensible au rejet pourrait se fâcher et devenir hostile. Au final, cela peut amener l'ami à se retirer encore plus, ce qui accroît le sentiment de rejet.

En revanche, d'autres personnes sensibles au rejet pourraient éviter toute circonstance ou tout lien dans lequel ils pourraient être confrontés au rejet. En conséquence, les individus peuvent vivre une solitude et un isolement intenses, ce qui fait que leurs pires peurs se matérialisent.

Problèmes dans les relations amoureuses

Le rejet est souvent interprété comme la preuve qu'une personne est intrinsèquement inadaptée par ceux qui souffrent de sensibilité au rejet. Le rejet représente un verdict sur leur valeur et leur valeur pour eux. De plus, ce système de croyance peut être néfaste dans les relations. Il est difficile de se sentir à l'aise dans une relation quand on s'attend à un rejet. Même s'ils ne subissent pas de rejet en ce moment, ils sont constamment à l'affût et anticipent que cela pourrait survenir à tout moment. En conséquence, de petites erreurs sont interprétées comme un mépris total de leur dignité ou comme une évaluation sévère de leur caractère. En fin de compte, la personne sensible au rejet pourrait devenir bouleversée et furieuse dès qu'elle sent qu'elle pourrait être rejetée.

Impacts du rejet sur les adolescents

Même à l'adolescence, la sensibilité au rejet peut commencer. Selon une étude publiée dans Children Maltreatment, les adolescentes qui ont un score élevé en matière de sensibilité au rejet peuvent présenter des comportements qui augmentent leur vulnérabilité à la victimisation. Les filles ont changé leur comportement pour essayer de maintenir la relation intacte, même si elles étaient conscientes que leurs activités auraient des effets néfastes. De plus, ils toléraient des comportements malsains pour rester ensemble, et ils étaient plus susceptibles de former des partenariats impliquant une agressivité physique et une animosité non physique lors des disputes.

Implications pour les adultes

En matière de relations amoureuses, les adultes sensibles au rejet sont sujets à des problèmes relationnels persistants. Parce qu'ils sont constamment à l'affût du rejet, ils interprètent souvent mal les situations et les réponses.

En raison de la peur du rejet ou de l'abandon de la personne, ces actions peuvent entraîner une jalousie irrationnelle. De plus, ils pourraient considérer d'autres actions, comme le fait que leur conjoint se retrouve occupé au travail, comme une preuve que leur partenaire ne s'intéresse plus à eux.

Être dans une relation engagée peut être plus bénéfique pour les hommes sensibles au rejet que pour les femmes. Les hommes qui ne sont pas engagés dans une relation amoureuse sont plus susceptibles de se sentir seuls et plus sensibles au rejet, selon une étude.

Cependant, il est peu probable qu'être en couple apporte un soulagement aux femmes qui obtiennent un score élevé sur l'échelle de sensibilité au rejet. Lorsqu'ils sont en couple, ils peuvent toujours ressentir les mêmes niveaux de solitude et d'anxiété de rejet que lorsqu'ils sont seuls.

Lien avec les problèmes de santé mentale

Le rejet met directement en péril le sentiment d'identité d'une personne et peut avoir des effets néfastes sur la santé mentale. La santé mentale est susceptible de se détériorer même dans les cas où un individu ne subit pas un rejet constant mais se sent plutôt comme un étranger ou est fréquemment rejeté.

La sensibilité au rejet est liée à plusieurs maladies mentales distinctes, même si elle ne constitue pas un diagnostic en soi. La sensibilité au rejet, par exemple, peut exacerber les symptômes de la dépression et constitue un facteur de risque de la maladie. Par exemple, les femmes d'âge universitaire qui étaient très sensibles au rejet présentaient plus de signes de dépression suite à une rupture initiée par leur partenaire que celles qui étaient moins sensibles au rejet.

Un autre élément des critères diagnostiques de la phobie sociale et du trouble de la personnalité évitante15 est une extrême sensibilité au rejet. De plus, chez les patients mentaux, les chercheurs ont découvert un lien entre les idées suicidaires et la sensibilité au rejet. Les chercheurs ont découvert que les personnes qui avaient des pensées suicidaires se sentaient souvent comme un fardeau pour les autres et qu'elles n'avaient pas leur place – des émotions communes à ceux qui sont sensibles au rejet.

Comment gérer le refus

Il est indéniable que le rejet peut provoquer une agonie. Alors que d'autres synonymes comme « abandonné » et « abandonné » peuvent aider à décrire l'angoisse émotionnelle intense que le rejet peut provoquer, des mots comme « déserté » font un bon travail pour décrire ce que l'on peut ressentir lorsqu'on est rejeté. Néanmoins, développer la résilience dans ce domaine pourrait être bénéfique car il s'agit d'un aspect incontournable de la vie. Continuez à lire pour découvrir quelques mécanismes d'adaptation utiles pour gérer le rejet.

<u>Gardez à l'esprit que ce n'est généralement pas personnel.</u>

Même si cela est souvent plus facile à dire qu'à faire, il peut être bénéfique de réfléchir à votre rejet du point de vue de l'autre personne. Il est rare que quelqu'un qui vous a rejeté vous fasse du mal. La plupart du temps, ils suivent simplement leur instinct. Par exemple, imaginons que vous ayez postulé pour un emploi et que vous n'ayez pas été embauché. Ils n'avaient probablement pas l'intention de vous rejeter délibérément, vous ou tout autre candidat ; au lieu de cela, ils auraient peut-être découvert un candidat dont le parcours était un peu plus approprié. Dans certaines circonstances, cela peut apporter un certain confort mineur.

Concentrez-vous sur les avantages

Lorsque nous sommes rejetés, il est généralement simple de se concentrer sur ce que nous avons perdu ; cependant, il pourrait être bénéfique d'ignorer le négatif et de considérer plutôt ce que nous obtenons. Prenons un exemple où vous avez été rejeté à une date possible. Vous vous dites peut-être que si quelqu'un ne s'intéresse pas autant à vous que vous l'êtes à lui, vous n'aurez pas une relation heureuse et saine. Ne pas avoir l'occasion de les connaître vous donne également plus de temps pour démarrer une relation avec quelqu'un d'autre qui pourrait mieux vous convenir.

Saisissez l'opportunité d'en grandir

Même si cela n'est pas toujours possible, le rejet peut parfois stimuler le développement ou l'auto-amélioration. Par exemple, découvrir pourquoi quelqu'un a rejeté votre proposition pourrait vous fournir des informations importantes sur la manière d'augmenter vos chances la prochaine fois. Si vous demandez à quelqu'un qui a mis fin à une relation après quelques rendez-vous si vous auriez pu faire mieux, vous pourriez obtenir des conseils judicieux sur la façon d'améliorer votre relation et peut-être même vous épargner du chagrin avec la personne suivante. Rejeter le rejet comme un échec et le considérer comme une opportunité pourrait vous aider à changer positivement votre façon de penser.

Prends soin de toi.

Les rejets peuvent faire mal de différentes manières. Par exemple, vous pourriez ressentir davantage de douleur si un membre de votre famille décide de vous rejeter. Il peut être important dans ces situations et dans d'autres similaires d'éprouver pleinement vos sentiments à propos de la situation au lieu d'essayer de les réprimer ou d'éviter d'en parler. La recherche indique que retarder le deuil peut rendre la guérison plus longue. Prendre bien soin de soi suite à un rejet peut donc être bénéfique. Vous pouvez prendre soin de vous de la même manière que vous le feriez pour un proche ou un ami qui a récemment vécu la même situation. Au lieu d'avoir des pensées négatives comme « Je suis vraiment un perdant ! », parlez-vous doucement pendant que vous vous parlez, prenez le temps de vous détendre, savourez votre friandise préférée, écrivez dans un cahier, faites de l'exercice ou parlez à quelqu'un en qui vous pouvez avoir confiance. Les activités de pleine conscience sont suggérées par l'Université Duke comme moyen d'aider à se remettre du rejet. Pour surmonter vos sentiments de déception, de douleur, de rage, de désespoir ou tout autre sentiment que vous pourriez ressentir, permettez-vous de les ressentir.

Mécanismes d'adaptation

Comprendre les signes de sensibilité au rejet et les problèmes que cela peut entraîner vous aidera à apporter des changements si vous pensez être sensible au rejet. Demander de l'aide peut réduire votre vulnérabilité à la maladie mentale et, avec les soins et les interventions appropriés, peut également renforcer vos liens avec les autres.

Des études indiquent que la gestion de ses réactions émotionnelles et comportementales par l'autorégulation pourrait être le secret de la gestion de la sensibilité au rejet. Par exemple, au lieu de réagir immédiatement si vous ressentez quelque chose comme un rejet, il pourrait être utile de faire une pause et de réfléchir aux circonstances.

Trouver d'autres raisons possibles pour ce comportement plutôt que de sauter au pire des cas est une méthode pour y parvenir. Vous devrez peut-être demander l'aide d'un conseiller si vous ne parvenez pas à mettre en œuvre ces ajustements par vous-même.

Parlez d'abord à votre médecin, car il peut vous aider à décider dans quelle direction aller. La thérapie cognitivo-comportementale peut souvent vous aider à gérer les idées, les émotions et les actions qui alimentent votre peur d'être rejeté. De plus, la thérapie de couple pourrait vous aider tous les deux à créer un lien plus fort et plus stable si vous êtes déjà en couple.

Comment un conseiller peut vous aider

Le rejet peut être difficile à gérer. En discuter avec un expert qualifié est une stratégie supplémentaire pour vous aider à vous en sortir. Un conseiller ou un thérapeute peut vous aider à développer une perspective plus réaliste sur ce qui s'est passé, vous aider à reconnaître les sentiments que vous ressentez et pourquoi, et vous aider à retrouver le courage ou l'estime de soi nécessaire pour continuer à vous exposer. Un thérapeute peut vous aider si vous craignez de souffrir d'un problème de santé mentale comme la dépression ou l'anxiété sociale ou si vous avez simplement besoin que quelqu'un vous écoute pendant que vous traitez des sentiments difficiles.

Disons que vous avez du mal à trouver un prestataire dans votre quartier, que vous êtes inquiet des interactions en face à face ou que vous préférez assister virtuellement à des séances de thérapie. La thérapie virtuelle est une option à considérer dans cette situation. Selon des recherches, le conseil sur Internet peut offrir des avantages comparables à ceux des séances en personne.

Cchapitre 9 : Gérer les conversations difficiles

Maintenir des liens positifs dans les sphères personnelle et professionnelle nécessite des techniques efficaces de résolution des différends et une communication proactive. Lorsqu'une personne communique avec assurance, elle évite d'être conflictuelle ou soumise et exprime plutôt ses besoins, ses désirs et ses sentiments d'une manière directe, sérieuse et courtoise.

Sur le lieu de travail et dans les interactions interpersonnelles, entre autres sphères de la vie, cette pratique est bénéfique car elle favorise l'empathie, la compréhension mutuelle et la résolution efficace des problèmes.

Il est crucial de gérer les conflits de front en adoptant une position agressive. Cela revient à admettre qu'il existe un désaccord, à exprimer poliment et clairement son point de vue et à rechercher une solution réalisable qui plaise à toutes les parties.

La gestion des conflits et la communication avec assurance peuvent être accomplies des manières suivantes :

- La communication assertive nécessite une écoute active, qui est une compétence essentielle. Pour être sûr de comprendre l'orateur, vous devez vous concentrer sur lui, demander des éclaircissements si nécessaire et répéter ce que vous entendez.

- Le respect du point de vue des autres grâce à l'écoute active favorise une conversation ouverte et un environnement sûr.

- Déclarations I : ce sont des déclarations brèves mais directes qui visent à transmettre les désirs et les sentiments d'une personne sans critiquer ou dénigrer une autre personne. Un exemple de déclaration I serait : « Je ne me sens pas entendu lorsque je parle et j'apprécierais que vous puissiez m'accorder toute votre attention. » Les déclarations I servent à prévenir la défensive et à favoriser un dialogue productif.

- Comprendre et partager les émotions d'une autre personne s'appelle l'empathie. Comprendre le point de vue et les émotions de l'autre personne est crucial en cas de dispute. Un dialogue plus courtois et coopératif pourrait en résulter.

- Mots gentils : Une communication efficace nécessite l'utilisation de mots gentils. Cela implique de parler clairement, succinctement et respectueusement tout en exprimant ses demandes et ses opinions plutôt que de manière contradictoire ou blessante.

Ensemble, vous trouverez une solution qui répond aux besoins des deux parties grâce à une résolution collaborative des problèmes. Pour ce faire, il faut prêter attention à ce que dit l'autre personne, exprimer respectueusement et clairement son propre point de vue et collaborer pour trouver une solution qui satisfasse les intérêts des deux parties. Pour résoudre les conflits et maintenir des relations saines, la communication assertive est une capacité essentielle. Même dans des circonstances difficiles, les gens peuvent communiquer avec assurance et succès en pratiquant une écoute active, en employant des déclarations I, en faisant preuve d'empathie, en utilisant un langage poli et en travaillant ensemble pour résoudre les problèmes.

Voici quelques exemples de lutte contre la communication agressive au travail :

- Lors de réunions ou de conversations, exprimez-vous avec assurance en exprimant vos idées, opinions ou préoccupations sans paraître hostile ou soumis.

- Un collègue ou un membre de l'équipe qui est traité injustement ou qui fait l'objet de critiques doit être défendu en prenant sa défense avec courtoisie et directement.

- Avoir des pourparlers pour parvenir à des compromis ou à des accords qui profitent aux deux parties tout en précisant très clairement vos demandes et vos limites s'appelle négocier.

- Demander : faire des demandes polies et directes d'aide, d'informations ou de clarification sans être sur la défensive ou culpabilisé.

- Refuser : Dans la mesure du possible, donnez une bonne justification de votre demande ou de votre refus de mission lorsque vous lui dites « non ».

- Défendre vos droits : sans être conflictuel ou soumis, faites valoir vos droits au travail, y compris une rémunération raisonnable, le respect et des chances d'évolution.

- Le désaccord est l'expression honnête et civile d'une idée ou d'un point de vue différent qui favorise un discours civil et une gamme de perspectives.

- Lorsque quelqu'un vous interrompt, indiquez poliment votre droit de parler et demandez une autre chance de faire valoir votre point de vue. C'est ainsi que vous gérez les interruptions.

- Ces illustrations mettent en évidence la nécessité d'une communication affirmée sur le lieu de travail, ce qui implique de défendre avec confiance et respect ses droits et ses désirs tout en s'exprimant clairement et en fixant des limites.

Fixer des limites et dire non sans se sentir coupable.

Dire non, surtout dans ce qui semble être un scénario inconfortable, peut s'avérer très difficile lorsque l'on manque de courage dans la communication.

Pour préserver des relations saines et préserver son temps, son énergie et son bien-être, il est impératif d'apprendre à fixer des limites et à dire non sans culpabiliser. Dire non est une méthode pour déclarer ses propres besoins et idéaux et fixer des limites à ce qui constitue un comportement approprié et inapproprié dans une relation.

Sans vous sentir mal, essayez ces conseils pour établir des limites et dire non :

- Déterminez vos exigences et vos valeurs. Il s'agit d'une étape cruciale avant d'établir des limites. Dans vos relations, cela vous aidera à déterminer quels comportements sont appropriés et inappropriés ainsi que ce que vous pouvez supporter.

- Après avoir déterminé vos limites, assurez-vous de les exprimer à l'autre personne de manière directe et sans ambiguïté. Des dictons tels que « Je me sens dépassé lorsque j'ai trop de tâches à accomplir, je dois donc prioriser mon temps et dire non à certaines demandes » sont des exemples de « déclarations I » que vous pouvez utiliser.

- Pour fixer des limites et dire non sans culpabiliser, il faut communiquer avec assurance. Lorsque vous parlez avec quelqu'un d'autre, projetez confiance et franchise tout en faisant preuve de considération et de respect pour ses besoins et ses sentiments.

- Reconnaissez vos droits pour donner la priorité à vos propres besoins et à votre bien-être. Il est normal de se sentir coupable ou mal à l'aise lorsque l'on fixe des limites ou que l'on dit non. Cependant, il est important de faire preuve d'auto-compassion.

- Dites non avec grâce : soyez courtois et ferme dans votre prise de décision tout en restant courtois lorsque vous dites non. Pour maintenir vos limites et paraître moins confiant, évitez de trop expliquer ou de vous excuser.

- Proposez des substituts : dans la mesure du possible, proposez des substituts ou faites des recommandations pour d'autres approches qui satisferont les besoins de l'autre personne tout en respectant votre espace personnel.

- Confirmez votre décision et ne reculez pas, même si vous avez déjà dit non ou établi une limite. Cela montrera également que vous êtes déterminé à donner la priorité à vos propres besoins et valeurs. Cela vous aidera à établir davantage vos limites.

Vous pouvez préserver votre temps, votre énergie et votre bien-être et développer des relations saines et courtoises avec les autres en établissant des limites et en disant non sans vous sentir mal. N'oubliez pas qu'établir des limites est une indication d'estime de soi et de dignité et qu'il est acceptable de faire passer ses propres besoins et principes avant ceux des autres.

Cchapitre 10 : L'art de se faire des amis

Vous ne serez pas toujours d'accord sur tout lorsque vous parlez à quelqu'un que vous connaissez ou à un étranger. Chacun d'entre nous a une histoire distincte. Pour cette raison, nous avons des perspectives et des visions du monde distinctes.

Il est cependant toujours possible de parvenir à une entente mutuellement acceptable et courtoise. Vous pouvez temporairement voir les choses comme l'autre personne en établissant un terrain d'entente. Cela facilite la recherche d'un consensus sur d'autres questions sur lesquelles vous n'aviez auparavant aucun désaccord.

Vous pouvez décider de changer d'avis, mais ce n'est pas garanti. Alternativement, quelqu'un d'autre le fera. Vous repartirez peut-être avec un sentiment moins diamétralement opposé, car vous verrez qu'il y a des points d'accord. Votre capacité à coopérer pour atteindre des objectifs communs augmentera.

Il existe de nombreux scénarios dans lesquels on peut se voir offrir la possibilité ou le devoir social d'engager une conversation avec un individu inconnu. Au moins, vous savez que vous vous trouvez tous les deux dans la même situation, même si vous ne semblez rien savoir de l'autre. "Comment connaissez-vous James et Sharon ?" est un point d'introduction potentiellement utile. (« Les hôtes de la fête ») « Vous rentrez chez vous ou à San Francisco ? (En vol.)

Il ne faut pas poser trop de questions personnelles à un étranger lorsque vous entamez une conversation pour la première fois. Entamer une conversation en s'enquérant de l'état civil ou de la profession d'une personne peut sembler intrusif. Néanmoins, il peut être acceptable d'évoquer des changements récents en matière d'emploi ou des problèmes de santé si l'autre personne propose de telles informations. Cela pourrait également mettre l'autre personne mal à l'aise si vous vous lancez directement dans votre situation.

Cependant, que se passe-t-il si c'est une personne que vous connaissez ?

Soyez toujours attentif aux sentiments des autres, quelle que soit la nature de votre relation. La majorité des individus aiment être valorisés. Se comporter de manière hospitalière, c'est exprimer son intérêt pour quelqu'un d'autre. Chaque fois que vous parlez avec enthousiasme, la conversation avance généralement. Pour commencer, nous pourrions dire : « Quel magnifique discours vous avez prononcé ! » après avoir adressé un salut chaleureux à quelqu'un. Il existe plusieurs façons de poursuivre la conversation à partir de là, en fonction de nos sentiments et de l'autre personne, par exemple « Votre jardin est si beau ce printemps ». La danse continue, peu importe sa durée ou sa lenteur.

La conversation risque de ressembler à une tentative d'échange fragile si vous la considérez comme une politesse inutile. Contrairement aux « grandes discussions », qui suggèrent qu'il existe un sujet apparemment plus important, on parle ici de « petites discussions ». Il existe, c'est vrai. Cependant, toutes les conversations sont vitales et chaque type de discussion a un rôle. Si vous pensez que ce petit échange est insultant ou indigne de vous, vous vous montrez prétentieux ou insensible, comme si vous ne vous souciez pas de ce que pensent ou ressentent les autres.

Et les gens se sentent mal à l'aise de partager des sentiments et des pensées plus profondes lorsqu'ils méprisent systématiquement l'extrémité la moins profonde du spectre conversationnel.

En compagnie de quelqu'un qui a une opinion différente de la vôtre

Pour favoriser les liens et l'amitié lorsque vous parlez avec quelqu'un avec qui vous n'êtes pas d'accord, recherchez de petits points d'accord. Développez une gamme de sujets qui peuvent améliorer votre relation, comme un sport ou un aliment que vous aimez tous les deux, plutôt que de vous concentrer sur les domaines sur lesquels vous n'êtes pas d'accord. Un canal de communication ouvert par une expérience partagée est le chemin de la confiance. Parler de nourriture, de boissons, de promenades, de golf ou de course à pied peut contribuer à créer une expérience commune lors de réunions ou de réunions d'affaires. Et c'est à ce moment-là que nous commençons à parler aux autres. En conséquence, nous favorisons la confiance et la connexion.

Parce que nous nous sentons libres d'être authentiques, les amitiés peuvent se construire sur la confiance. À partir de là, des sujets plus difficiles pourront être abordés. Avec empathie, nous comprenons également plus facilement le point de vue des autres. Toutes leurs opinions ne sont pas incorrectes, et toutes nos opinions ne sont pas correctes, comme nous commençons à nous en rendre compte. Nous devenons adeptes du lâcher prise. Nous pouvons tolérer les défauts des autres parce que nous nous valorisons mutuellement. Ensuite, avec des outils supplémentaires à notre disposition, les problèmes antérieurs peuvent être résolus.

Il est sage de commencer modestement dans les négociations et de progresser progressivement. En fin de compte, les deux parties doivent être prêtes à accepter la possibilité que nous ne soyons pas toujours d'accord, surtout s'il existe des désaccords fondamentaux dont nous sommes conscients qu'ils sont difficiles à surmonter. Vivre avec d'autres personnes dans le monde est une réalité qui inclut naturellement cela.

Évaluez vos capacités à établir des relations et à cultiver la confiance. Êtes-vous capable de vous adapter à quelqu'un qui n'est pas d'accord avec vous ou à quelqu'un que vous ne connaissez pas bien ?

Êtes-vous capable de lâcher prise, de faire un compromis et d'accepter le résultat ? Évaluez-vous le résultat par rapport à vos idées préconçues ?

C'est Essentiel pour se comprendre

Les gens peuvent être classés comme extravertis ou introvertis. Parler aux autres peut nécessiter plus de travail si vous êtes une personne plus réservée. Souvent, la timidité est le résultat d'un manque de confiance en soi ou de compétences en conversation, d'un sentiment d'exposition ou de la peur des erreurs. Nous avons souvent du mal à comprendre les sentiments des autres parce que nous sommes préoccupés par les nôtres. Même si sortir de sa coquille demande de la persévérance et des efforts, c'est possible.

Assurez-vous d'être au courant de l'actualité et préparez une déclaration d'ouverture qui n'a aucun lien avec la politique. Observez l'autre personne, en notant quelque chose comme son nom ou la couleur de ses vêtements. Après cela, osez engager une discussion. "Quelle couleur magnifique c'est." L'océan aux Bermudes me vient à l'esprit. Avez-vous une expérience préalable là-bas ? Alternativement, "Driskill, dites-vous ? En aucun cas lié aux propriétaires de l'hôtel ?"

Votre niveau de confiance augmentera à mesure que vous entamerez davantage de discussions. Ou, comme vous le comprenez peut-être, apprenez d'abord à briller en votre présence. Vous pouvez par exemple sentir le sol là où vos pieds atterrissent ou respirer. Le deuxième individu sera alors mis au point. Un ouvre-porte polyvalent préféré est également un excellent moyen de démarrer les choses. Comment va ton cœur, demande un de mes amis. Selon lui, poser cette question et s'engager à prêter une attention particulière à la réponse a donné lieu à des échanges incroyables.

Vous devrez peut-être travailler à apprivoiser votre extraversion si vous en êtes un. La leçon est une fois de plus d'être dans l'instant présent, de se mettre de côté et de prêter attention à ce que ressentent les autres. N'oubliez pas non plus que tout le monde ne veut pas entendre l'histoire de votre vie, vos colères ou vos conseils. Vos enfants ne leur semblent peut-être pas aussi mignons que vous l'imaginez. Cela pourrait être leur désir de parler un peu. En tant qu'extraverti, la force du calme peut être très utile, mais un individu silencieux pourrait éveiller des soupçons. Pourtant, les personnes grégaires peuvent avoir du mal à s'engager dans une conversation directe, tandis que les personnes introverties peuvent faire d'excellents interlocuteurs.

Vas-y, essaies.

Choisissez une personne que vous ne remarquez pas souvent dans votre vie quotidienne et décidez de la saluer la prochaine fois que vous la rencontrerez et prêtez attention à sa réponse. Une option serait de dire : « Hé, comment vas-tu ? à la personne qui lit régulièrement le journal dans le hall de votre immeuble. Faites de votre mieux pour vous impliquer. Vous pouvez créer des relations étonnantes avec cette petite activité.

Développer des amitiés durables peut être réalisé des manières suivantes :

- Sois toi-même. Être soi-même est le plus beau cadeau que l'on puisse offrir à quelqu'un. Enlevez votre déguisement et soyez authentique, alors !

- Soyez aimable. Il faut être ami pour avoir un ami.

- Faites preuve de générosité. Quelles bonnes actions pouvez-vous accomplir pour quelqu'un d'autre ?

- Soyez optimiste. Vos remarques réfléchies aux autres sont comme un médicament pour leur âme. Dispersez-les largement.

- Soyez captivant. Développez vos soins personnels afin de pouvoir profiter aux autres. Lire attentivement. Aller. Découvrir.

- Restez fidèle. Soyez un ami fidèle contre vents et marées. Soyez toujours là pour vos amis, dans les bons comme dans les mauvais moments.

- Soyez éclairant. Un véritable ami améliore la vie des autres en menant un style de vie précieux.

- Faites preuve de sensibilité. Dans un premier temps, essayez de comprendre votre compagnon. Vous pouvez alors l'aider à vous comprendre.

- Soyez franc. En cas de problèmes de communication, répondez-y directement et honnêtement. Les amitiés ne devraient jamais être mises à mal par un désaccord laissé s'envenimer.

- L'acceptation est la clé. Trouver une base solide de terrain d'entente pour former une amitié ne doit pas nécessairement être entravé par les différences entre quelqu'un et vous. Recherchez des amitiés en sortant de votre zone de confort.

- Faites preuve d'adaptabilité. Les modes de vie des individus fluctuent. Les amitiés fonctionnent de la même manière. Permettez différents degrés d'intimité entre vous et vos amis.

- Soyez disponible. Le temps est une ressource extrêmement précieuse en raison de nos vies trépidantes. Planifiez des sorties régulières avec vos amis et utilisez les appels téléphoniques, les SMS ou les e-mails pour rester en contact.

- Faites attention aux autres. Accordez à votre ami toute votre attention. Ne perdez pas leur temps de conversation en décrivant votre prochain mouvement.

- Amusez-vous bien. Vous avez plus de plaisir lorsque vous en profitez davantage avec les autres.

- Restez optimiste. Au lieu de quelqu'un qui entache leur temps ensemble avec une négativité toxique, les gens préfèrent être avec ceux qui les aident à se sentir mieux.

- Dire la vérité. Partagez votre cœur sans porter de jugement lorsque vous avez peur des choix ou des actions d'un ami. Qui d'autre, sinon vous ?

- Faites preuve de fiabilité. Ne laissez jamais tomber vos amis.

- Être reconnaissant. Faites savoir à vos amis à quel point vous les appréciez. Même si vous pensez qu'ils le savent déjà, leur donner occasionnellement une confirmation verbale garantit qu'ils le savent.

- Faites preuve de respect. Vos amis et vous ne partagez peut-être pas les mêmes intérêts en matière de politique, de personnes ou de loisirs. Reconnaissez et acceptez ces écarts.

- Faites preuve de considération. Soyez compréhensif du temps que vos amis passent avec leur famille et leurs autres amis et offrez-leur de l'espace.

- Montrez des encouragements. Riez avec vos amis lorsque vous faites tous les deux un geste stupide, soutenez-les lorsqu'ils « perdent » et encouragez-les lorsqu'ils « gagnent ».

Il n'est pas simple de nouer des amitiés durables. Vous découvrirez que de nombreuses personnes recherchent un ami merveilleux si vous êtes authentique et désireux de partager avec les autres. Ainsi, si ce n'est pas déjà fait, prenez le temps de donner le meilleur de vous-même à vos amitiés. Un jour, vous pourriez être un pour eux et ils pourraient être vos bouées de sauvetage.

La plupart des gens passent une grande partie de leur vie avec leurs amis, mais si ces relations ne sont pas entretenues, les amitiés peuvent finir par se détériorer et s'éloigner. Entretenir des amitiés solides et intimes nécessite de les cultiver et d'y mettre du travail.

Pourtant, si vous ne l'avez pas vu dans des relations antérieures, vous ne savez peut-être pas par où commencer. C'est pour cette raison que nous avons souligné l'importance de préserver les amitiés par la considération et l'engagement.

Je vous ai également fourni quelques conseils sur la façon d'établir et de maintenir des amitiés solides si vous vous demandez comment vous faire et entretenir des amis en tant qu'adulte.

Cchapitre 11 : Surmonter l'anxiété dans les circonstances amoureuses et les fréquentations

L'anxiété, la tension ou l'inquiétude peuvent surgir à tout moment dans une relation et sont acceptées comme un phénomène assez courant, qu'il s'agisse de se demander si un nouveau partenaire ressent la même chose que vous ou s'il est acceptable d'essayer quelque chose de différent. Mais l'anxiété relationnelle, un type d'anxiété qui peut à tout moment provoquer une inquiétude persistante dans les relations amoureuses et intimes, peut être plus débilitante.

Le terme « anxiété relationnelle » décrit l'incertitude, le malaise, l'inquiétude persistante et le besoin d'être continuellement rassuré qui peuvent occasionnellement survenir dans une relation.

Avec le recul, j'ai eu beaucoup d'inquiétudes lorsque j'ai commencé à sortir avec moi à l'université. Malgré tout, je me sentais quelque peu sûr de moi malgré mon manque d'intelligence et de beauté. Mon rendez-vous typique est la femme la plus attirante de la classe. Il m'arrive donc de penser à des choses comme : "Beaucoup de mecs doivent la courir après parce qu'elle est trop jolie". Un homme plus grand, plus joli, plus mature, etc. pourrait la convaincre plus facilement. Je ne sais pas si elle m'aime toute seule. Ces idées m'ont fait douter de la certitude du dévouement de mon partenaire à mon égard, ce qui a eu un impact sur mon dévouement dans les relations que j'ai entretenues.

Le début de ce qui pourrait s'avérer être le partenariat idéal. À l'exception d'un doute ou deux dont vous n'arrivez pas à vous débarrasser, la conversation est excellente, la communication est forte et claire des deux côtés, et tout semble se terminer heureusement pour toujours.

"Que voient-ils en moi ?" et "Vont-ils s'ennuyer ?" "Combien de temps avant que celui-ci ne se brise ?" Parfois, ces questions se poursuivent longtemps après que le couple ait échangé "Je t'aime".

L'anxiété relationnelle est peut-être quelque chose que vous connaissez si vous vous êtes déjà posé ce genre de questions. Il est normal qu'une personne s'inquiète de son avenir ou de sa relation actuelle, car celle-ci joue un rôle important dans sa vie. Parfois, cependant, cette anxiété devient si invalidante qu'elle empêche la connexion de se développer, voire même de démarrer.

Raisons de l'anxiété dans les relations

Vous pourriez ressentir de l'anxiété relationnelle si les inquiétudes commencent à s'infiltrer et à devenir un aspect régulier de votre relation à venir ou en cours. Examinons quelques raisons courantes.

Une sorte d'attachement anxieux

Il est possible de lier vos doutes persistants sur la stabilité de votre relation et la profondeur de l'amour de votre partenaire pour vous à votre éducation et aux relations que vous entreteniez avec vos parents ou d'autres personnes qui s'occupent principalement de vous.

Un jeune peut développer un style d'attachement stable à ces interactions si ses parents ou tuteurs lui montrent continuellement de l'amour et de l'affection. Cela peut amener l'enfant à rechercher l'attention de ces personnages chéris et à s'y accrocher. Un jeune peut également avoir besoin d'être constamment assuré de son amour, qualités qui peuvent apparaître dans les relations amoureuses plus tard dans la vie. Les personnes ayant un style d'attachement anxieux sont généralement alertes et méfiantes quant au désintérêt potentiel de leur partenaire, ce qui les fait douter de leur valeur. De plus, ils craignent de perdre leurs proches en raison de leur attachement.

Mauvaises expériences antérieures

Chaque cœur brisé et chaque rêve non réalisé pourraient s'ancrer dans nos esprits comme une histoire d'avertissement. Nos expériences amoureuses antérieures peuvent affecter nos relations avec les gens dans le présent et dans le futur, nous rendant prudents quant à la possibilité de commettre les mêmes erreurs ou de subir deux fois les mêmes souffrances. Néanmoins, il pourrait y avoir une marge de développement ici. Nous pouvons nous donner les moyens de produire de nouveaux chapitres au lieu d'exister comme des notes de bas de page du passé en connaissant notre histoire.

Une peur de ne pas savoir

Les rencontres peuvent être psychologiquement stressantes car elles sont associées au changement, à l'inconnu et à la possibilité de perdre quelque chose, qui peuvent tous déclencher nos désirs les plus fondamentaux. Puisque notre cerveau est normalement programmé pour rechercher la stabilité et le contrôle, tout danger perçu pour cet équilibre pourrait nous rendre anxieux.

La perspective de découvrir un nouvel amour peut comporter un risque de douleur, de déception et de rejet. Des signes physiques tels qu'une fréquence cardiaque élevée, des tremblements, de la transpiration ou des douleurs au ventre peuvent être révélateurs de ces inquiétudes.

Diminution du respect de soi

Votre qualité de vie peut être considérablement affectée par une faible estime de soi et un faible sentiment de valeur. Deux

L'angoisse d'être refusé

L'anxiété liée aux fréquentations découle souvent de la peur du rejet. Certaines personnes trouvent effrayant de penser à se mettre en avant et à courir le risque d'être rejetées. Des comportements évitants, comme annuler brusquement des rendez-vous ou ne pas approcher quelqu'un par pure peur, peuvent résulter de cette anxiété. La peur d'être rejeté ou de recevoir une mauvaise critique est une source courante d'anxiété dans les fréquentations. Et si mes particularités deviennent trop importantes ? Et si mes pensées sont trop étranges ou si mon rire est trop fort ? Une préoccupation excessive à l'égard de la façon dont nous sommes perçus peut limiter nos qualités distinctives et nous paralyser dans des comportements d'évitement ou dans l'inaction.

Une faible estime de soi peut amener quelqu'un à se demander constamment si son amant l'aime vraiment ou s'il mérite l'affection de son partenaire. De plus, cela pourrait conduire à des enquêtes sur l'infidélité et d'autres choses qui pourraient mettre en danger le partenariat.

Interaction inappropriée

Il existe des situations où il manque des discussions ouvertes sur vos sentiments, la relation ou vos projets communs, ce qui peut conduire à des pensées de peur quant à l'affection de votre partenaire ou à l'avenir de votre relation.

Si ces sujets ne sont pas abordés, un vide peut surgir dans le partenariat, ce qui pourrait engendrer des malaises.

Indices d'anxiété dans les relations

Les indications suivantes suggèrent que de l'anxiété pourrait apparaître dans votre relation :

- Vous n'êtes pas sûr des véritables sentiments de votre partenaire pour vous

- Rechercher la validation continue de votre partenaire

- et tenter de conquérir votre partenaire à tout prix, parfois à vos dépens

- Être dominateur en ce qui concerne les comportements ou les interactions de votre partenaire

- être collant dans la plupart des circonstances et vouloir être tout le temps avec votre amoureux.

- Avoir des inquiétudes quant à l'adéquation d'une relation

- Analyser des mots simples et agir de trop près pour détecter les indications de problèmes

- Vous avez l'impression que votre partenaire veut tout le temps mettre fin à la relation ? Passer plus de temps à vous soucier de la relation qu'à en profiter ?

Dans certains cas, l'anxiété relationnelle peut se manifester par une atteinte délibérée à la relation de votre partenaire. Cela est évident dans les situations où des désaccords mineurs sont exagérés ou lorsque votre partenaire vous tend des pièges pour tester votre fidélité.

Cela peut également apparaître lorsque vous évitez intentionnellement l'intimité et que vous vous méfiez de votre partenaire pour vous protéger du danger et éviter les problèmes.

L'anxiété dans l'impact des relations

Avant d'examiner votre comportement dans une relation, il est crucial de comprendre que toutes les manifestations d'inquiétude n'indiquent pas une relation avec l'inconfort.

En réalité, il est bénéfique et encouragé d'évaluer ce qui fonctionne, les modes de communication et les sentiments exprimés dans la relation. Mais cela pourrait être gênant si vous vous sentez continuellement nerveux en raison de l'énergie que vous consacrez à surveiller votre partenaire et son comportement dans la relation.

Le niveau de proximité et d'amour que vous ressentez peut également être affecté par des soucis relationnels persistants. Se sentir périodiquement anxieux dans une relation peut parfois conduire au résultat le plus redouté : la rupture.

L'anxiété relationnelle peut avoir un impact néfaste sur votre bien-être et vos perspectives d'avenir avec votre conjoint si vous constatez que vous la ressentez régulièrement.

Comment se débarrasser de l'anxiété relationnelle

Heureusement, il existe des stratégies pour aider, gérer ou même éliminer les symptômes d'anxiété relationnelle. Voici quelques alternatives à considérer.

1. Exprimez vos émotions : Il est essentiel d'être ouvert et honnête avec votre conjoint au sujet de vos angoisses, attentes ou objectifs futurs afin d'éviter toute inquiétude. Une communication claire avec votre partenaire aide à éliminer les doutes qui peuvent engendrer des inquiétudes et à créer un espace pour un plaisir sain de la connexion.

2. Savourez le moment présent : c'est généralement une bonne idée de couper court à cette pensée et de vous concentrer sur l'ici et maintenant lorsque vous vous interrogez sur l'avenir de votre partenariat.

Cela ne fait que nuire à votre bonheur actuel de vous demander si votre partenaire vous trouvera toujours attirant dans quelques mois ou s'il sera toujours dans votre vie dans cinq ans. Au contraire, cela vous accable d'anxiété face à des choses qui pourraient même ne pas se produire dans le futur.

3. Faites face à vos peurs : Accepter vos peurs tout en essayant de les surmonter peut sembler contre-intuitif, mais c'est pourtant l'une des meilleures stratégies pour gérer vos émotions.

Votre anxiété est-elle le résultat d'une relation brisée dans le passé ? Vous pouvez avoir des difficultés avec votre perception de vous-même, c'est la raison pour laquelle vous craignez de ne pas être assez bon pour l'amour. Examiner les causes de votre anxiété relationnelle peut vous aider à identifier ces problèmes et à les résoudre de front.

4. Aller en thérapie

Dans certains cas, demander l'aide d'un professionnel pour gérer votre anxiété pourrait être la meilleure solution pour la contrôler.

Vous pouvez obtenir le soutien approprié pour modifier les croyances malsaines et inutiles concernant votre valeur en tant que personne, votre attitude envers votre relation et vous-même grâce à la thérapie. De plus, la thérapie peut vous apprendre à contrôler votre anxiété afin que la connexion ne soit pas altérée de manière permanente.

5. Inspirez profondément

Prenez quelques respirations profondes et entraînez-vous à briser les habitudes mentales négatives. Pour réduire les signes physiques d'anxiété, concentrez-vous sur la sensation du souffle entrant dans vos poumons puis sortant de votre corps.

6. Discours intérieur constructif

Confrontez vos idées négatives avec des affirmations positives et résistez au besoin de les croire vraies. Essayez de vous dire que vous méritez l'amour et la connexion et qu'il est acceptable d'être anxieux.

7. Éléments de mise à la terre

Pour vous rappeler concrètement d'être attentif et ancré, avoir un petit objet dans votre poche, comme une pierre d'inquiétude ou un bijou sentimental, peut être utile.

8. Faites preuve de curiosité

Pour établir une connexion possible et réduire la nervosité, concentrez-vous sur un réel intérêt pour les passe-temps, les intérêts, la famille et les autres sphères de la vie de l'autre personne. Cette stratégie peut aider à détourner l'attention de votre anxiété tout en permettant à l'autre personne d'être vulnérable.

9. Illustrations

Se concentrer sur un passe-temps agréable ou s'imaginer dans un cadre relaxant peut vous aider à détourner votre attention des pensées inquiétantes.

10. Continuez à mener une vie saine.

Maintenir un mode de vie sain implique d'avoir une alimentation équilibrée, de s'entraîner fréquemment et de dormir suffisamment, autant d'éléments qui peuvent vous aider à gérer votre anxiété.

Tout le monde a une expérience différente en matière d'anxiété liée aux fréquentations. La solution d'une personne pourrait ne pas être celle d'une autre. Il peut être utile de découvrir les mécanismes d'adaptation et les approches les plus efficaces pour vous. Face à l'inquiétude lors d'une rencontre, n'oubliez jamais de faire preuve d'auto-compassion et de patience envers vous-même. Il n'y a aucune honte à demander de l'aide ou à avancer à votre rythme : vous méritez l'amour et le bonheur.

Gagner en confiance en soi pour le monde des rencontres

Au-delà d'être une simple émotion, la confiance peut aussi être considérée comme un talent qui peut se développer et s'améliorer au fil du temps. Selon les recherches, les relations et l'estime de soi peuvent être étroitement liées, une forte estime de soi se traduisant souvent par des interactions plus heureuses et plus satisfaisantes avec les autres.

Avoir une vision favorable de soi peut renforcer la confiance en soi lors de rencontres. Votre perception de vous-même est connue sous le nom d'image de soi et elle a un impact sur vos relations, vos pensées et vos actions. Votre estime de soi devrait généralement être le fondement de votre image de soi plutôt que de dépendre de l'approbation des autres si vous voulez surmonter votre peur du rejet. Avoir confiance en qui vous êtes peut rendre moins probable qu'un rejet ou des commentaires défavorables nuisent à votre estime de soi.

Les techniques de renforcement de la confiance consistent à se parler de manière positive et à mettre l'accent sur vos avantages. Envisagez de réinterpréter les lacunes ou les erreurs perçues comme des opportunités de développement et d'avancement plutôt que de vous y attarder. Avoir une image de soi plus positive peut également être facilité en s'entourant de personnes attentionnées et solidaires.

Rappelons qu'avoir confiance ne signifie pas toujours être irréprochable ou avoir constamment confiance en soi. Cela peut prendre du temps pour développer la confiance, et il est acceptable de connaître des déceptions et des périodes de doute. Vous pourriez être sur la bonne voie si vous faites un effort pour accroître et maintenir votre confiance.

Vous pouvez apprendre et vous développer ainsi que vos relations grâce aux rencontres. Comprendre et traiter l'anxiété liée aux fréquentations peut améliorer la stabilité émotionnelle, la conscience de soi et le contentement général à l'égard des relations amoureuses. Même si ce n'est pas toujours un voyage facile, vous pouvez avancer avec confiance et amour-propre si vous faites preuve de compassion envers vous-même et d'une bonne vision.

Vous recherchez une assistance en ligne pour des problèmes de santé mentale

Si votre peur des situations sociales vous empêche de demander l'aide d'un professionnel, la thérapie en ligne peut être un choix plus pratique et plus accessible. Pour vous aider à obtenir l'assistance que vous méritez sans ajouter à votre anxiété, plusieurs plateformes de thérapie en ligne vous permettent de parler avec un thérapeute dans le confort de votre maison et offrent une prise de rendez-vous flexible.

Il a été démontré dans des essais cliniques que la thérapie cognitivo-comportementale virtuelle

(TCC) est tout aussi efficace dans le traitement de l'anxiété que la thérapie en personne, avec des résultats similaires. La thérapie cognitivo-comportementale (TCC) en ligne peut offrir un environnement sécurisé pour lutter contre l'anxiété et les peurs de rejet lors des rencontres, vous permettant ainsi de reprendre confiance dans vos efforts en matière de rencontres. Vos limites d'anxiété sociale ne vous définissent pas, et vous pouvez les dépasser et découvrir des relations satisfaisantes si vous avez l'attitude et le soutien appropriés.

Où aller quand vous êtes nerveux à l'idée de sortir avec quelqu'un

Si vous souffrez d'anxiété lorsque vous sortez avec quelqu'un, vous aurez peut-être du mal à planifier où et comment rencontrer de nouvelles personnes. Les lieux conventionnels pour rencontrer des partenaires, comme l'épicerie ou le bar du quartier, nécessitent que vous entamiez une conversation, ce qui peut être difficile si vous souffrez d'anxiété extrême. Il est probable que ces circonstances ne feront pas ressortir vos meilleurs traits si vous souffrez de trouble d'anxiété sociale (TAS) ou si vous êtes simplement naturellement timide. Si vous souffrez d'anxiété sociale, considérez les endroits répertoriés ci-dessous comme des endroits potentiels pour socialiser.

Organismes communautaires

N'ignorez pas les organisations auxquelles vous êtes déjà affilié, comme votre église ou votre association de quartier.2 Si vous n'avez pas participé récemment à la planification d'événements pour ces groupes, envisagez de proposer votre aide pour leur prochain événement. Vous apprendrez à connaître davantage les autres membres du groupe au fur et à mesure que vous travaillerez avec eux et vous vous sentirez peut-être plus à l'aise pour rechercher des possibilités romantiques.

Famille ou amis

Informez vos proches que vous cherchez à entrer sur la scène des rencontres.1 Les personnes les plus proches de vous ont probablement une meilleure compréhension de vos traits particuliers et qui feraient un bon compagnon de rencontre. La meilleure partie est que vous n'aurez pas à répéter vos lignes de ramassage, car votre contact mutuel fixera le rendez-vous avec l'ami de la famille. Pour apaiser la tension du premier rendez-vous, vous pouvez participer à un double rendez-vous ou organiser un rendez-vous à l'aveugle par un ami ou un membre de votre famille.

"Vos amis comprennent mieux ce que vous recherchez et peuvent également vous suggérer de nouveaux rendez-vous qui révéleront de nouveaux aspects de votre personnalité. Vous avez également un intérêt dans la relation car vous sentez que votre ami les a choisis pour vous, et vous Je suis plus enclin à les prendre au sérieux.

Travail

Si vous travaillez, rencontrer des gens au travail pourrait être le moyen le plus simple de trouver un partenaire. Rejoignez vos collègues pour le déjeuner et faites un effort pour vous renseigner sur leurs week-ends, leurs familles et leurs intérêts ; même si vous ne trouvez pas de partenaire approprié, vous pourriez vous faire de nouveaux amis ce faisant.

Associations de Services et de Bénévolat

Rejoindre un organisme de service ou faire du bénévolat est un excellent moyen de rencontrer des personnes qui partagent vos intérêts et vos valeurs. Qu'il s'agisse de droits des animaux ou de préservation de l'environnement, vous pouvez rencontrer des personnes qui partagent vos valeurs3. Le travail de groupe favorise un sentiment de camaraderie qui facilite la connaissance des gens sur le plan personnel.

Intérêts et associations

Si vous n'avez pas encore de passe-temps, tenez compte de vos intérêts. Peut-être avez-vous toujours voulu faire partie d'un club de jardinage ou de lecture. Vos chances de rencontrer des personnes qui partagent vos intérêts augmenteront si vous vous engagez dans un passe-temps socialement connecté. Plus important encore, si votre passe-temps vous passionne, il sera plus simple d'entamer une conversation avec de nouvelles connaissances.

Athlétisme

Le sport peut être un excellent moyen de rencontrer de nouvelles personnes, même si vous n'avez jamais joué auparavant. Participer à une ligue sportive pour débutants, comme le baseball ou le volleyball, peut vous aider à acquérir de nouvelles compétences et à vous faire de nouveaux amis.

En outre, observer le comportement des gens pendant un match peut révéler beaucoup de choses sur la façon dont ils se comporteraient dans une relation amoureuse, notamment s'ils font preuve d'un excellent esprit sportif et s'ils aident et conseillent les joueurs novices.

Environnements d'apprentissage

Rencontrer des personnes dans une salle de classe offre de nombreux avantages, que vous soyez un apprenant adulte ou inscrit au collège ou à l'université. Les cours durent généralement plusieurs mois, offrant ainsi de nombreuses opportunités de nouer des relations.

Il est beaucoup plus facile d'avoir un terrain d'entente que de repartir de zéro, et avoir des devoirs difficiles ou des examens à venir vous donne également une excuse pour vous réunir pour des séances d'étude ou pour comparer vos notes. Mieux encore, être dans la même classe vous donne automatiquement un sujet de conversation : que pensez-vous du professeur, appréciez-vous le cours ?

Internet/Particuliers

Soyez prudent lorsque vous rejetez l'utilisation de publicités personnelles et de services de rencontres en ligne, car s'adresser à des inconnus – l'aspect difficile de rencontrer des gens – est beaucoup plus simple dans ces espaces virtuels.

En ligne ou sous forme imprimée, les annonces personnelles sont généralement placées par des célibataires sérieux à la recherche d'un partenaire romantique ; Mieux encore, vous avez la possibilité de rédiger avec soin une description personnelle reflétant votre véritable moi intérieur, quelque chose qui ne se manifestera probablement pas lors d'une rencontre fortuite.

Parc à chien

Emmenez votre chien au parc à chiens et recherchez d'autres propriétaires qui y sont seuls ; les chiens aideront à briser la glace et c'est une bonne idée d'entamer une discussion en leur faisant savoir que vous avez au moins une chose en commun.

<u>Magasins spécialisés</u>

Vous pouvez rencontrer des personnes qui partagent vos intérêts en parcourant les magasins spécialisés. Faites attention aux livres et à la musique que des personnes aléatoires écoutent ou regardent.

BChapitre sur la responsabilité : Améliorer l'assurance-emploi (intelligence émotionnelle)

Qu'est-ce que l'EQ, ou intelligence émotionnelle ?

La capacité de reconnaître, d'utiliser et de contrôler vos propres émotions pour réduire le stress, communiquer, sympathiser avec les autres, surmonter les obstacles et diffuser les conflits est connue sous le nom d'intelligence émotionnelle, ou quotient émotionnel, ou QE. En plus de vous aider à atteindre vos objectifs professionnels et personnels, l'intelligence émotionnelle vous aide également à tisser des liens plus solides avec les autres. De plus, cela peut vous aider à développer une connexion avec vos émotions, à mettre vos intentions en pratique et à décider de ce qui est important pour vous.

Caractéristiques de l'intelligence émotionnelle

1. Autogestion : Vous pouvez restreindre vos pensées et actions impulsives, contrôler vos émotions de manière saine, faire preuve d'initiative, tenir parole lorsque vous vous engagez et vous adapter aux conditions changeantes.

2. Conscience de soi : Vous comprenez comment vos émotions impactent vos idées et vos actions.

Vous avez confiance en vous et êtes conscient de vos avantages et de vos inconvénients. Vous possédez une conscience sociale et de l'empathie. Vous pouvez détecter des indicateurs émotionnels, vous sentir à l'aise dans des situations sociales, comprendre les besoins, les désirs et les inquiétudes des autres et identifier les relations de pouvoir au sein d'un groupe ou d'une organisation.

3. Gestion des relations : Vous êtes compétent pour établir et entretenir des liens solides avec les gens, pour parler efficacement, pour motiver et influencer les autres, pour bien fonctionner en groupe et pour gérer les conflits.

Pour quelle raison l'intelligence émotionnelle est-elle si cruciale ?

C'est un fait bien connu que ceux qui réussissent le mieux et s'épanouissent dans la vie ne sont pas nécessairement les personnes les plus intelligentes. Vous connaissez probablement de grands universitaires qui luttent socialement et obtiennent de mauvais résultats dans leur carrière ou leurs relations personnelles. Votre quotient intellectuel (QI), ou capacité intellectuelle, est insuffisant à lui seul pour réussir votre vie. En effet, votre QI peut vous aider à être admis à l'université, mais c'est votre QE qui vous permettra de contrôler vos émotions et votre tension le jour de l'examen final. L'EQ et le QI coexistent et fonctionnent mieux lorsqu'ils se complètent.

Avoir un niveau élevé d'intelligence émotionnelle peut vous aider à réussir dans votre profession, à diriger et à inspirer les autres et à gérer la complexité sociale du lieu de travail. De nombreuses entreprises utilisent de plus en plus les tests d'intelligence émotionnelle (QE) avant de recruter, ce qui place l'intelligence émotionnelle au même niveau que les compétences techniques lors de l'évaluation des candidats.

Vous ne gérez probablement pas non plus votre stress si vous ne parvenez pas à contrôler vos émotions. De graves problèmes de santé peuvent en résulter. Un stress non géré accélère le vieillissement, augmente la tension artérielle, affaiblit le système immunitaire, augmente le risque de crise cardiaque et d'accident vasculaire cérébral et contribue à l'infertilité. La première étape vers le développement de l'intelligence émotionnelle consiste à apprendre des techniques de gestion du stress.

Le stress et les émotions effrénées peuvent également nuire à votre santé mentale, augmentant votre susceptibilité à l'anxiété et au désespoir. Vous aurez du mal à établir et à entretenir des relations saines si vous êtes incapable de comprendre, d'accepter ou de contrôler vos émotions. Cela peut aggraver vos problèmes de santé mentale et vous faire sentir encore plus seul et solitaire.

Vous pouvez communiquer plus efficacement ce que vous ressentez et comprendre ce que vivent les autres si vous savez réguler et comprendre vos propres émotions. Cela vous permet d'interagir avec les autres avec plus de succès et de nouer des liens plus solides dans votre vie personnelle et professionnelle.

L'intelligence sociale que vous possédez. Avoir une intelligence émotionnelle vous connecte aux autres et au monde extérieur, ce qui est un bien social. L'intelligence sociale vous aide à vous sentir heureux et aimé, à réduire le stress, à évaluer l'intérêt des autres pour vous et à faire la distinction entre amis et ennemis. Cela vous aide également à réguler votre système nerveux grâce à la communication sociale.

Pensez à un moment où vous n'avez pas pu gérer votre tension. Était-ce simple de raisonner ou de prendre une décision claire ? Préférablement pas. Votre capacité à penser clairement et à reconnaître les émotions, tant chez vous que chez les autres, est affaiblie lorsque vous ressentez un stress excessif.

Si les émotions sont des outils précieux pour se comprendre soi-même et comprendre les autres, elles peuvent également nous faire perdre le contrôle de nous-mêmes face au stress ou à des situations qui nous poussent hors de notre zone de confort. Vous pouvez apprendre à absorber des informations pénibles sans leur permettre de prendre le dessus sur vos pensées et votre sang-froid si vous avez les compétences nécessaires pour contrôler votre stress et rester émotionnellement présent. Vous serez capable de prendre des décisions qui vous donneront le pouvoir de retenir vos pensées et actions impulsives, de traiter et de gérer efficacement vos émotions, de faire preuve d'initiative, de tenir parole lorsque vous faites des plans et de vous adapter à l'évolution des situations.

- Avez-vous l'impression que vos rencontres changent constamment et que vous rencontrez constamment de nouvelles émotions ?

- Ressentez-vous des sensations physiques dans votre poitrine, votre gorge ou votre estomac qui accompagnent vos émotions ?

- Avez-vous des sensations et des émotions distinctes que vous montrez à travers vos expressions faciales subtiles, telles que la colère, la tristesse, la peur et la joie ?

- Êtes-vous capable de ressentir les choses si fortement qu'elles attirent l'attention de vous et des autres ?

- Êtes-vous conscient de vos sentiments? Influent-ils sur la façon dont vous prenez des décisions ?

Si l'une de ces situations vous semble inhabituelle, vous avez peut-être supprimé ou désactivé vos sentiments. Vous devez redécouvrir, accepter et apprendre à être à l'aise avec vos émotions primaires si vous souhaitez augmenter votre intelligence émotionnelle (EQ) et atteindre le bien-être émotionnel. En vous engageant dans des pratiques de pleine conscience, vous pouvez y parvenir.

La pratique délibérée consistant à concentrer votre attention sur l'ici et maintenant, sans porter de jugement, est connue sous le nom de pleine conscience. Bien que le bouddhisme soit la source de l'entraînement à la pleine conscience, d'autres religions pratiquent une forme de prière ou de méditation comparable. Avec l'utilisation de la pleine conscience, vous pouvez changer votre concentration, passant d'une perte de pensée à une appréciation du présent, de vos expériences corporelles et émotionnelles, et à une vision plus large de la vie. Être attentif vous aide à vous concentrer et à devenir plus à l'aise, ce qui augmente votre conscience de soi.

Acquérir la conscience des émotions

Pour vous sentir plus à l'aise pour renouer avec des émotions intenses ou désagréables et modifier la façon dont vous vivez et réagissez à vos sentiments, il est essentiel que vous appreniez d'abord à gérer le stress.

Nous avons tous des jours où les émotions prennent le dessus sur nous. La passion peut obscurcir notre jugement, la peur peut tyranniser nos décisions et le ressentiment peut nous amener à faire des choses que nous regrettons.

Mais même si l'émotivité a toujours été décrite comme l'ennemi fougueux et insensé de la raison et de la rationalité, les émotions sont fondamentales pour notre capacité à fonctionner. Ils nous motivent à agir, sont essentiels aux interactions sociales et constituent le fondement de notre sens moral ressenti.

L'intelligence émotionnelle peut constituer un avantage significatif pour maîtriser nos émotions. Dans cet article, nous nous intéresserons de plus près à l'intelligence émotionnelle pour découvrir ce que c'est, pourquoi elle est précieuse et comment vous pouvez en cultiver davantage.

Peut-on apprendre et apprendre l'IE ?

La popularité croissante de la formation EQ au cours des dix dernières années n'est guère surprenante, étant donné les nombreux avantages que l'EQ peut offrir. Étonnamment, une étude a découvert que la capacité des participants à reconnaître et à contrôler leurs émotions était considérablement améliorée après seulement 10 heures de formation en groupe sur le QE (cours magistraux, jeux de rôle, discussions de groupe, travail en partenariat, lectures et journalisation), et ces améliorations persistaient six fois. mois plus tard (Nelis, Quoidbach, Mikolajczak et Hansenne, 2009).

L'apprentissage cognitif est le processus permettant de comprendre comment développer l'intelligence émotionnelle au niveau intellectuel. En d'autres termes, même si vous êtes conscient que vous devriez prêter plus d'attention à vos émotions, cela ne garantit pas que vous en serez capable. L'apprentissage émotionnel est le processus de réapprentissage d'habitudes plus adaptatives tout en désapprenant les anciennes. Nous devons rompre notre lien avec nos réponses automatiques si nous voulons nous développer émotionnellement. Tendre la main aux gens au lieu de vous fermer lorsque vous êtes stressé pourrait devenir une nouvelle habitude si votre ancien se retirait de vos proches lorsque vous êtes dépassé.

Suggestions pour augmenter l'intelligence émotionnelle

- Déterminez vos sentiments. Pour évaluer régulièrement vos sentiments d'un point de vue plus objectif, pratiquez la pleine conscience.

- Reconnaissez et valorisez vos sentiments pour ce qu'ils sont. Robbins (s.d.) souligne que les sentiments sont toujours valables. Ils sont disponibles pour vous aider.

- Recherchez ce qu'un sentiment tente de vous dire.

- Rappelez-vous des cas dans le passé où vous avez bien géré vos émotions pour accéder à votre confiance intérieure.

- Réfléchissez à la manière dont vous géreriez les émotions inconfortables à l'avenir afin de vous sentir mieux préparé le moment venu.

Conseils supplémentaires pour augmenter l'assurance-emploi

Utilisez l'humour et le jeu pour soulager le stress. L'humour, le rire et le jeu sont des antidotes naturels au stress. Ils allègent vos fardeaux et vous aident à garder les choses en perspective. Le rire équilibre votre système nerveux, réduit le stress, vous calme, aiguise votre esprit et vous rend plus empathique.

Apprenez à voir le conflit comme une opportunité de vous rapprocher des autres. Les conflits et les désaccords sont inévitables dans les relations humaines. Deux personnes ne peuvent pas avoir à tout moment les mêmes besoins, opinions et attentes. Cependant, cela ne doit pas être une mauvaise chose. Résoudre les conflits de manière saine et constructive peut renforcer la confiance entre les personnes. Lorsque le conflit n'est pas perçu comme menaçant ou punitif, il favorise la liberté, la créativité et la sécurité dans les relations.

Les sous-échelles EQ-i sont classées selon ces cinq échelles :

1. QE : estime de soi

- Sensibilité aux émotions
- La confiance en soi
- Réalisation de soi

- Autonomie

2. Empathie dans le QE interpersonnel

- Connexions interpersonnelles
- La responsabilité sociale

3. Adaptabilité : résoudre les problèmes

- Tester la réalité
- Adaptabilité

4. Gérer le stress

- Tolérance au stress
- Gestion de l'impulsivité

5. Attitude générale

- Joie

- Espoir

ETCommunication efficace

Une communication efficace est la pierre angulaire de relations solides et significatives ; cela implique bien plus que de simples échanges mot à mot ; cela implique de développer un sentiment de connexion, de comprendre profondément les autres et de s'exprimer clairement.

Voici quelques stratégies pour utiliser la communication pour construire et renforcer vos relations.

- Soyez présent : posez vos appareils, concentrez-vous entièrement sur l'autre personne, établissez un contact visuel et démontrez un intérêt sincère pour ce qu'elle a à dire.

- Écoutez au-delà des mots : soyez conscient des indices non verbaux, tels que le ton de la voix et le langage corporel, car ils peuvent souvent révéler des sentiments cachés derrière les mots.

- Reconnaître et valider : Résumer ce que vous avez entendu en bref pour vous assurer que vous les comprenez. Vous pouvez démontrer que vous êtes attentif en utilisant des déclarations telles que « Alors, ce que vous dites, c'est... » ou « On dirait que vous ressentez... » pour valider leurs sentiments.

- Abstenez-vous d'interrompre : laissez l'autre personne finir de parler avant de répondre.

Clarté dans l'expression de soi

- Reconnaissez votre public : adaptez votre style de communication à la personne avec laquelle vous parlez. Une stratégie de communication efficace pour un ami proche peut ne pas convenir dans un contexte professionnel.

- Soyez clair et concis : parlez de manière compréhensible et évitez de bourdonner ou d'utiliser une terminologie excessivement compliquée lorsque vous exprimez vos pensées et vos sentiments.

- Déclarations en « je » : assumez la responsabilité de vos émotions en vous concentrant sur les déclarations en « je » plutôt que sur un langage accusateur. Par exemple, « Je me sens blessé quand... » est une remarque plus productive que « Tu as toujours... »

- Soyez propriétaire de vos erreurs : il est important d'admettre la responsabilité de vos propos et d'être prêt à vous excuser si vous dites quelque chose de dur. Personne n'est parfait.

Développer des liens émotionnels étroits

- La vulnérabilité est une force : la connexion émotionnelle et la confiance sont favorisées par le partage de vos pensées, de vos sentiments et de vos expériences, bonnes et mauvaises.

- Développer l'empathie : en essayant de voir et de percevoir les choses du point de vue d'une autre personne, vous pouvez établir des liens et des connexions plus solides avec elle.

- Intérêt actif : posez des questions, félicitez-les pour leurs réalisations et apportez votre aide dans les moments difficiles pour démontrer un intérêt sincère pour la vie de l'autre personne.

- Communication positive : faites attention à communiquer votre gratitude et votre compassion aux autres. Montrez-leur que vous vous intéressez à eux par vos paroles et vos actes.

Communication efficace dans divers contextes

- Résolution des conflits : Dans toute relation, des désaccords surgiront inévitablement. Parlez calmement, concentrez-vous sur la recherche de réponses et évitez d'insulter l'autre personne.

- Conversations difficiles : Manipulez les sujets délicats avec prudence ; choisissez un endroit calme, exprimez vos préoccupations de manière constructive et soyez réceptif au point de vue de l'autre personne.

- Communication non verbale : le contact visuel, les gestes ouverts, une attitude heureuse et le ton de votre voix contribuent tous à un message renforcé par votre langage corporel et votre ton de voix.

My Voyage pour surmonter l'anxiété sociale.

Quand j'étais enfant, j'ai subi beaucoup de violence psychologique qui a persisté jusqu'à ce que je grandisse. Jusqu'au jour où j'ai décidé de parler pour moi-même, j'ai continué à souffrir de l'incapacité de communiquer mes intentions et de nouer des liens sains.

Mes parents étaient des disciplineurs très stricts, ce dont je suis reconnaissant dans une certaine mesure, mais j'ai réalisé que leurs méthodes m'ont fait plus de mal que de bien sur le plan émotionnel. Il ne s'agit pas de critiquer mes parents – je les aime toujours et je prends soin d'eux, car j'ai surmonté le traumatisme des expériences d'enfance auxquelles j'ai été confronté. J'ai donné l'excuse que tout le monde a des imperfections, des perspectives différentes sur sa façon de vivre, des réponses différentes aux situations et des caractéristiques différentes (humour, gestion de la colère, patience, compassion, etc.). Mes parents ont bien financé mes besoins éducatifs, mais ils n'ont pas réussi à créer des liens avec moi, en particulier avec mon père. Je n'ai jamais su ce que ça faisait d'être connecté à quelqu'un en grandissant. J'ai été régulièrement réprimandé et je n'ai pas eu la chance de parler librement, et quand il m'arrivait de parler, mes mots étaient utilisés contre moi, alors j'ai décidé de refouler mes émotions et tout ce que j'avais en tête. Même si je suis innocent, je ne parle plus parce que ce que je ressens ne leur importe pas.

C'est donc devenu une habitude : je suis devenu nerveux à l'idée de m'exprimer à l'école. Parfois, lorsque des questions sont posées et que je connais la réponse, ou lorsque des opinions sont demandées, mon cœur commence à s'emballer plus vite à l'idée que je m'exprime. Plusieurs pensées me viennent à l'esprit telles que « Et si je parle et que je suis jugé ?, je n'arrive pas à gérer le sentiment émotionnel qui va avec ». "Et s'ils se moquaient de moi pour ce que je dis ?". « Et si quelqu'un raconte à mes parents ce dont je viens de discuter ?, j'aurai encore plus de problèmes ».

J'ai réalisé que je ne pouvais même pas engager de conversations, je posais seulement des questions et répondais à moi-même, je ne pouvais pas me faire beaucoup d'amis – juste quelques amis qui m'aimaient pour qui j'étais, je ne pouvais pas établir de liens émotionnels, je je ne pouvais pas participer à des débats et à des discussions même si je les apprécie. J'aurais aimé être celui qui donne mon opinion devant un public sur un sujet. J'étais assez intelligent, donc j'ai des choses à dire sur n'importe quel sujet de discussion qui me était présenté, mais exprimer ce que je pensais était un problème.

J'ai vécu ainsi jusqu'à mon entrée à l'université, les opportunités me échappaient parce que je ne révélais pas mes intentions. C'est à ce moment-là que j'ai décidé que je devais agir, que je devais réseauter avec les gens, et la seule façon d'y parvenir est d'apprendre à m'exprimer franchement. J'ai rassemblé mon courage et j'ai parlé à un expert en orientation et en soutien. C'est la plus grande mesure que je regrette de ne pas avoir prise plus tôt, mon conseiller m'a fait m'ouvrir, m'a permis de me sentir libre de parler sans craindre d'être jugé, nous aurons des séances régulièrement et j'ai rejoint un groupe où nous discutons tous. nos douleurs, c'était thérapeutique. Avec le temps, je suis devenue une personne franche – je me suis également assurée d'assister à des séminaires et à des rassemblements (éducatifs, familiaux, sociaux) et de parler aux gens.

Ces changements dans ma vie ont commencé lorsque j'ai résisté à la négligence de mon père à l'égard de mon état émotionnel. Je lui ai fait croire que j'avais des sentiments et il les blessait tout le temps. C'était un moment d'émotion pour nous deux. Bien sûr, il s'est rendu compte qu'il avait été un peu trop dur avec moi et il s'est excusé. Peu de temps après, nous avons commencé à avoir des conversations fréquentes jusqu'à ce que cela devienne régulier. Actuellement, je suis fier de posséder les compétences nécessaires pour parler à n'importe qui et entretenir une conversation, cela m'a aidé à rencontrer des personnes plus influentes, à faire des connaissances et également à offrir de l'aide aux personnes dans le besoin. En ce moment, j'ai beaucoup d'amis dans le pays et dans la diaspora qui sont constamment en contact avec moi.

L'essence de cette histoire est que vous devez vous pousser vers des choses positives, ne pas laisser la peur de faire quelque chose de positif vous immobiliser. Ce rassemblement social auquel vous êtes réticent ou nerveux à l'idée d'assister, croyez-moi, vous obtiendrez d'excellents résultats lorsque vous serez présent, cette présentation en classe dont vous avez peur, vous serez surpris des énormes applaudissements que vous recevrez après avoir prononcé votre discours.

Vous pouvez trembler, transpirer et montrer des signes de nervosité, mais vous n'arrêtez jamais de progresser. Tout le monde possède de l'anxiété, cependant, nous faisons tous des efforts pour la supprimer, n'utilisons pas de médicaments pour supprimer vos anxiétés, pratiquons la méditation de pleine conscience entre autres choses bénéfiques et vous vous verrez vaincre votre peur de parler aux gens. N'oubliez pas que le véritable courage réside dans la volonté de vaincre l'anxiété et la peur.